LE BARON

DE

L'EMPIRE,

PAR M. MERVILLE.

Tome Second.

PARIS.

AMBROISE DUPONT, ÉDITEUR,

RUE VIVIENNE, N. 16.

1832.

LE BARON

DE

L'EMPIRE.

IMPRIMERIE DE FELIX LOCQUIN,
RUE NOTRE-DAME-DES-VICTOIRES, N° 16.

LE BARON

DE

L'EMPIRE,

Par M. Merville.

II.

PARIS.

AMBROISE DUPONT, ÉDITEUR,

RUE VIVIENNE, 16.

1832.

LE BARON

DE

L'EMPIRE.

I.

Politique et Stratégie.

Nous avons vu que la République
n'avait pas dans les habitans du Bard
des ennemis bien redoutables; l'un
d'eux même, le jeune Charles, en était
un partisan assez déclaré. Il avait quel-

quefois avec son oncle le curé des dis-
cussions fort vives à ce sujet.

— Vos idées, mon cher neveu, sont
celles d'un jeune homme qui n'a encore pu juger de rien par lui-même.
Cette ferveur de république vous l'avez
puisée à la source pédantesque des livres de collége; elle est dans votre
tête comme les règles de la syntaxe
dans celle de vos professeurs. Pourquoi quitter ce qu'on a, et se passion-
ner imprudemment pour des choses
inconnues? On était bien sous la Monarchie, à quoi bon une république?

— A quoi bon une monarchie à présent, puisque c'est la République qui
existe?

— Vous n'aviez pas le droit de tuer
votre roi si bon, si pieux, si vertueux !

— Pouvez-vous lui rendre la vie? C'est lui qui s'est tué. En détruisant dans l'ombre ce qu'il faisait au grand jour, en reprenant sans cesse d'une main ce qu'il accordait de l'autre, il a réduit la nation au désespoir.

— Votre constitution le déclarait inviolable.

— Lui, qui avait juré de la maintenir, ne l'avait-il pas violée? L'étranger, d'accord avec lui, ne venait-il pas la renverser? Il a provoqué le 10 août; et ce fut pour continuer le 10 août que la Convention fut envoyée.

—Ah! oui, on vit alors l'insurrection législateur, l'insurrection juge et partie. Dans vos principes, elle peut devenir le plus saint des devoirs.

—Dans les vôtres aussi.

— Comment?

—Ne le prouvez-vous pas par ce qui se fait dans ce malheureux pays? Vous n'avez rien à reprocher aux républicains, pas même les assassinats avec formes juridiques, pas même les massacres de prisonniers.

— Oui, vous avez vu cela à Machecoul; mais c'est le crime de quelques monstres : nous ne l'approuvons pas.

— Il en est de même à Paris. Les honnêtes gens gémissent: Tout cela est l'effet des circonstances et les malheurs des temps. Mais ces excès se commettent parmi vous pour retenir l'humanité sous le joug qui l'écrase et l'avilit; parmi nous ils accompagnent passagèrement son retour à la liberté et à la jouissance de ses droits éternels et imprescriptibles

Voilà les grands mots à l'aide desquels on vous entraine et on vous égare : Liberté ! Droits naturels !

— Ceux dont vous faites usage ont aussi de l'empire sur les esprits, j'en conviens : l'autel, le trône, ce qu'il y a de plus abstrait et de plus positif dans les intérêts humains. Mais il faut être prêtre, noble ou paysan poitevin, pour en faire sa devise ; tandis que pour sentir battre son cœur en entendant les miens, il suffit d'être homme.

— Puisque nous sommes si éloignés de nous entendre, c'est donc à la force à décider.

— Elle décidera.

— Ainsi soit-il.

La Convention, jusque-là trompée sur ces troubles, avait enfin ouvert

les yeux, et annonçait l'intention de
prendre des mesures énergiques. Il
était bien tard. La patrie venait d'être
déclarée en danger , et une levée des
hommes non-mariés de dix-huit à qua-
rante ans, ordonnée, par un acte légis-
latif. Cette dernière mesure fut le signal d'un paroxysme universel dans
les départemens insurgés. Les mis-
sionnaires de Saint-Laurent se remi-
rent en campagne, et la chaire de vérité retentit partout de menaces et d'a-
nathèmes contre ceux qui obéiraient
à la loi nationale, et ne déchireraient
pas le sein de la mère commune, au lieu
d'aller la défendre contre les fureurs
de l'étranger. Tout le monde courut
aux armes. Ces pieux organes de la voix
de l'agneau et de la parole de paix surent si bien parler aux passions, qu'on
vit des femmes même, de jeunes filles

quitter les occupations de leur sexe
pour prendre le sabre et le mousquet.
On en remarqua une, entre autres,
Jeanne Robin, de la commune de Cour-
lay qui parla en inspirée comme une
autre Jeanne-d'Arc, qui en joua le rôle
pendant plusieurs mois. Elle communia
publiquement avant de partir pour
aller se battre, et son curé lui promit
la palme du martyre, le royaume des
cieux. On sait que plus tard des dames
d'une bien plus haute distinction, une
demoiselle de Lescure même, sœur de
celui qui mérita le surnom de Saint-
du-Poitou, parurent aussi dans les rangs
des guerriers.

Avant ce grand mouvement, les
Vendéens n'avaient eu affaire qu'à de
faibles gardes nationales des contrées
voisines rassemblées à la hâte, mal ar-

mées, mal organisées, et surtout mal aguerries. Le théâtre de l'insurrection n'offrant sur une étendue de huit cents lieues carrées que deux grandes routes, était naturellement défendu dans le marais par ses canaux, ses chemins étroits, rompus, impraticables pendant l'hiver, dans les autres saisons, fermés à l'artillerie et aux convois qui ne trouvaient que rarement la voie charretière. Il n'offrait pas moins de difficultés à l'attaque du côté du Bocage : pays très-coupé, très-inégal, très-couvert, où les collines, les bois, les vallons, les ruisseaux changés en torrens à la moindre pluie, présentaient presque à chaque pas des obstacles insurmontables. Ajoutez comme circonstance non moins défavorable, l'usage universel d'entourer les héritages de fossés profonds et de fortes

haies, et vous aurez l'idée d'une contrée qui dans son ensemble n'était
autre chose qu'une vaste et inexpu-
gnable fortification. Il y avait impossibilité de garder les parties qu'on par-
venait à enlever, impossibilité de les
détruire. En avançant, il fallait se dire
qu'en cas de revers il n'y avait pas de
retraite, car ce qu'on laissait derrière
soi était presque aussitôt occupé de
nouveau par l'ennemi. Or, cet ennemi
brave, habitué à se servir des armes à
feu par l'exercice de la chasse ou du
braconage, avait toujours peu de chose
à craindre d'une défaite. Sa sûreté ne
l'obligeait alors ni à se rallier, ni à marcher en corps de troupe ; au contraire,
la dispersion et l'isolement lui conve-
naient. De quelque côté qu'il se diri-
geât, qu'il égarât ses pas, il était cer-
tain de rencontrer quelque part un bon

accueil, de la sympathie, un asyle. Le
vainqueur ne sachant où poursuivre les
bandes qui venaient de se dissoudre si
merveilleusement devant lui, retom-
bait dans l'inquiétude qu'il éprouvait
avant le combat, moins occupé du soin
d'élever des trophées que de la crainte
de donner, en se retirant, dans les em-
buscades de ceux qu'il venait d'a-
néantir.

Voilà tout le secret des fréquens
avantages remportés d'abord par les
Vendéens. Mais ils leur en préparèrent
d'autres en mettant entre leurs mains
des armes et des munitions, et en les
habituant à l'espèce de discipline
qui les rendit si redoutables par la
suite.

Un général fut envoyé de Paris avec
des pouvoirs spéciaux, pour diriger

les forces républicaines sur la rive gauche de la Loire. Il établit son quartier-général à Angers, formant son aile droite de divisions assez faibles, stationnées dans Ingrande, Varades et Ancenis jusqu'à Nantes, et sa gauche, de deux corps un peu plus considérables postés l'un à Vihiers, l'autre à Bressuire. Les limites nord et est du pays insurgé se trouvaient ainsi embrassées par ces divers corps qui devaient communiquer de proche en proche avec le quartier-général, et en recevoir aisément l'impulsion. Un autre commandant reçut ordre d'agir au sud de concert avec celui-là. Il avait quelques troupes dévouées, qu'il devait appuyer à sa droite sur Bressuire, et à sa gauche sur les Sables-d'Olonne.

Le plan du général en chef était de
faire avancer tous ces corps d'un mouvement commun vers l'ouest, et de
leur faire chasser devant eux l'ennemi
jusqu'aux bords de la mer, où on l'eût
facilement anéanti.

Deux choses essentielles étaient ou-
bliées dans ce projet : la première,
que quelque division de cette armée
toute nouvelle et si étendue dans ses
premières manœuvres, pouvait être
battue ; la seconde, que les insurgés
ne formaient point des corps réguliers;
qu'ils étaient domiciliés sur le théâtre
même de la guerre, et qu'à force de
leur faire céder le terrain, on pouvait
finir par se trouver engagé au milieu
d'eux, et les avoir tous par un beau
jour sur ses talons : ce qui ne manqua
point d'arriver. Pour qu'un tel plan

de la campagne réussît, il fallait l'avancer le fer et la flamme à la main, tout ravager, tout détruire sur son passage, et ne laisser derrière soi que des ruines. C'est ce qu'en désespoir de cause on prit le parti de faire plus tard.

Laissons les acteurs de ce grand drame s'acquitter de leurs personnages, et suivons le simple épisode que nous y avons choisi.

Laurentine se trouva offensée personnellement dans les honneurs dont son ennemi était l'objet, et la cause qui les lui faisait rendre lui devint odieuse.

Charette sentit qu'il ne devait pas tarder à chercher une occasion de justifier la haute marque de confiance qui

venait de lui être donnée : il lui parut
aussi que ce serait un coup de fortune
de réussir dans l'entreprise où son pré-
décesseur avait échoué. Il commanda
donc à ses lieutenans de rassembler
leurs divisions, et de se tenir prêts à
marcher le lendemain des fêtes de
Pâques. Il ne dit pas où il comptait se
diriger ; mais quand toute l'armée fut
réunie, il prit la route du malheureux
bourg de Pornic.

Il était en force ; le secret qu'il avait
mis dans ses préparatifs, celui qu'il observa dans sa marche, tout lui assura
la victoire. Elle fut complète : la gar-
nison ne tint pas une heure. Les paysans
se vengèrent cruellement de leur dernière mésaventure. Le pillage, le meurtre, l'incendie ne leur parurent qu'une
juste représaille ; et, dans la suite, ne

manquèrent jamais de signaler leurs
victoires. Le général n'avait point fait
cette conquête pour la garder. Il revint bientôt à Machecoul, où il fit une
entrée triomphale, précédé de cent
cinquante prisonniers, de deux pièces
de canon, et de plusieurs voitures
chargées de fusils et de munitions. Les
paysans déliraient de joie et d'orgueil;
ils ne parlaient que d'aller à Nantes
pendre tous les républicains, et en
finir ainsi une bonne fois avec la république. Voilà ce qu'ils savaient de leur
pays et de leur époque. Rabillé par-
tageait l'ivresse commune. Probablement il n'avait pas été un des plus
pressés au pillage; cependant il n'en
avait pas laissé sa part. Outre un tourne-
broche, sous le poids duquel il était
écrasé, il rapportait dans ses poches
de jolis petits bonnets garnis de den-

telle , des brassières, et un hochet de corail pour son enfant.

Souchu, en sa qualité de président du conseil d'insurrection , réclama lés prisonniers; ils furent remis à sa garde, et dans la nuit il les fit tous égorger.

II.

Le Travestissement.

Charette, moins heureux dans deux ou trois entreprises qu'il tenta après celle de Pornic, fut obligé d'abandonner Machecoul, et de se retirer dans le cantonnement de Vieille-Vigne. Charles

avait été plusieurs fois convoqué sous
les drapeaux vendéens. N'ayant jamais
répondu à ces appels, il avait attiré à sa
famille des reproches qu'il sentait devoir dégénérer bientôt en persécutions.
Il profita de l'affranchissement de son
district pour s'y rendre, et se faire soldat d'une cause à son avis plus lé-
gitime.

Il s'était flatté d'être envoyé aux frontières : on le retint à Nantes, et il fut in-
corporé dans un des bataillons destinés
à servir dans le pays. Cela ne le con-
traria que médiocrement. Il craignait
peu de rencontrer les siens dans les
rangs ennemis; son père n'était pas d'âge
à être requis; et il comptait sur la pru-
dence du marquis de Bretignolles. Mais
depuis l'aventure du faux cartel, sur
laquelle il n'avait jamais pu tirer d'ex-

plication satisfaisante de Laurentine, il sentait au fond de son cœur un vague sentiment qui lui rendait précieuse une occasion aussi naturelle de se conduire en ennemi du chevalier de Charette.

On fut instruit de cette circonstance au Bard, et l'on y sut même que peu de jours après son arrivée, le jeune homme avait été fait officier. Cela fit concevoir à Laurentine un projet digne de son imagination romanesque et aventureuse. Elle le mit à exécution dès qu'elle eut pris les mesures suivantes :

Elle appela Rabillé dans sa chambre.

— Jean-Baptiste, lui dit-elle d'un ton mystérieux et exalté, j'ai un grand service à te demander, et une importante confidence à te faire.

— Mademoiselle a beaucoup de bonté.

— Me garderas-tu le secret ?

— Si Mademoiselle me connaissait....

— Il faut que tu t'y engages solennellement.

— Je promets à Mademoiselle....

— Tiens, vois-tu ceci ?

— O Dieu ! le saint Crucifix, la divine image de mon Sauveur !

— Étends ta main là-dessus... étends-la, ne crains rien. Fort bien ! Promets-moi sur ton salut ou ta damnation, de faire ce que je te vais demander, et de n'en ouvrir la bouche à âme qui vive.

— Mademoiselle.....

—Promets-le : ce que je prétends réclamer de ta complaisance est possible ; et songe que je suis la seconde mère, la mère spirituelle de ton enfant.

— Je le sais, et Mademoiselle peut être persuadée que ma reconnaissance.......

—Ta reconnaissance est une lâche ingratitude, si, quand j'ai besoin que tu me le prouves, je te trouve indécis et en proie à l'hésitation.

— Je ne le suis pas ; je vous prie de le croire.

— Jure donc...

— Fiez-vous à moi, je vous en prie, et n'exigez pas que je fasse un serment qui me fait frissonner jusque dans le fin fond de mon âme.

— Tu veux donc me trahir?

— Moi!

— Que peux-tu craindre, s'il en est autrement ? Il est dit : Dieu en vain tu ne jureras. Mais on ne défend pas le serment devant Dieu ; car, sans la présence de Dieu, le serment n'est qu'un jeu frivole de la langue, qu'un lacs tendu aux simples par les fripons et les impudens.

— Certes, je ne suis ni l'un ni l'autre.

— Jure donc.

— Je le veux bien pour vous contenter... Mais il me semble que je commets un péché...

— Un péché mortel, si tu me trahissais jamais ; mais rien, un acte libre et permis, si tu tiens religieusement ta parole.

— Oh ! je la tiendrai, je la tiendrai !

— Répète après moi : Je jure en présence de mon Rédempteur...

— Je jure... en présence de mon Rédempteur...

— De faire, si je le puis, ce qui va m'être demandé...

— Ce qui va m'être demandé.

— Et l'ayant fait... Ne tremble donc pas comme si tu avais la fièvre.

— Et l'ayant fait...

— De n'en jamais révéler un mot à personne.

— De n'en jamais révéler un mot à personne.

— A merveille! Maintenant, vois-tu ce double louis?

— Oui; c'est un double louis a la face du roi!

— Il y en a la moitié pour toi. Avec le reste, il faut que tu m'achètes un sarrau de toile et un grossier vêtement de paysan.

— Pour qui?

— Pour moi.

— Un habit de femme?

— Non, un habit d'homme, bien vieux; bien usé, un chapeau bien large et des souliers bien épais.

— C'est donc pour aller en môme à quelque noce? Hélas! le temps n'est guère à la joie.

— C'est pour aller où bon me sem-

blera. Je te le confierai quand tu vien-
dras avec l'habit; et souviens-toi que
tu n'en devras rien dire, même à ta
femme. Aie grand soin aussi de ne pas
laisser voir ce que tu m'apporteras. Va.

Rabillé n'eut pas besoin d'aller fort
loin; nous savons avec quelle célérité
il cheminait : il fut donc bientôt de
retour.

— Mademoiselle, voilà tout ce que
vous m'avez demandé : une chemise
bien grosse et pas trop bonne, mais
toute blanche de lessive : flairez un
peu, quelle odeur! ça embaume; des
brayes de siamoise flambée; des guê-
tres de toile et des petits souliers
tout gentils, la semelle en bon cuir de
carrosse; une vieille veste en peau de
mouton, et un sayon bleu que le temps
a rendu blanc par places. Ce vieux cha-

peau était à défunt le pauvre garçon de la mère Lochard des Brousils. Tenez, voilà encore le trou de la balle qui l'a tué. La pauvre femme n'a pas voulu d'argent : je lui ai promis une petite image bénite de saint Christophe : c'était le patron de son malheureux enfant. Je crois que Mademoiselle en a une dans ses heures.

—Oui. Tiens, la voici ; tu la lui donneras.

—Je me suis procuré en outre deux mouchoirs rouges de Rouen, bien propres de lessive aussi. Mademoiselle en mettra un autour de sa tête par-dessous le chapeau, et l'autre autour de son cou.

— Tu n'as rien oublié ! c'est fort bien !

—Il y en a pour vingt-deux livres quatre sous. Ça fait donc que sur le double louis, je suis redevable à Mademoiselle de vingt-cinq livres...

—Non, non, garde le reste : je t'ai dit que c'était pour toi. A présent, tu vas me couper les cheveux.

—Quoi, Mademoiselle ! cette belle chevelure si longue, si fournie, si soyeuse !...

—Tu vas l'abattre sur-le-champ, à la mode de nos jeunes garçons de village, tombant sur le cou et sur les épaules, et ombrageant le front. Ce n'est pas un grand sacrifice ; tu dois t'apercevoir que depuis long-temps je n'en prends plus un grand soin.

—C'est vrai. Ah ! quel meurtre!

—Quand tu auras fini, tu me lais-

seras un instant pour m'habiller; mais
ne t'éloigne pas : tiens-toi prêt à sortir
avec moi quand je t'appellerai. L'heure
du souper approche, on viendra m'a-
vertir ; je ne répondrai pas. Si tu entends que l'on demande où je suis, tu
enverras du côté de l'orangerie , et
nous sortirons aussitôt.

—Est-ce que Mademoiselle compte
s'absenter?...

—Tu en demandes plus que je ne
t'en veux dire pour le moment. Finis
de tailler mes cheveux, et borne-toi à
ce qui est convenu entre nous.

—Oui, Mademoiselle.. Tenez, tenez,
les voilà coupés, tous coupés. Oh! j'en
pleurerais! Il y aurait de quoi faire des
tresses pour toute une perruque ronde.
Mais que dis-je des tresses? c'en est
fait, les tresses s'en vont, et le monde

aussi! Depuis leur chienne de révolution, on tire sur les hommes de tous
les côtés, comme sur des canards sauvages; mais qui est-ce qui songe à porter perruque?

Après cette touchante homélie sur
les effets désastreux dont il accusait la
révolution, Rabillé se retira, non sans
avoir eu soin de relever avec précaution les beaux cheveux tombés à plein
poing sous son ciseau. Il les réunit et
les enveloppa proprement dans une
feuille de papier que Laurentine lui
donna. Il prévoyait tout le mal que
pouvait produire la tourmente politique dont on était battu; mais par un esprit de constance et d'espérance sourde
qui n'est jamais absolument insensée,
il ne désespérait pas de voir surnager
la mode des perruques dans le grand
naufrage des mœurs et des institutions.

Dès que Laurentine fut seule, elle se mit à sa toilette avec ce calme, ce sang-froid qui est la marque la plus certaine d'une résolution bien prise. Elle ajouta aux diverses pièces du costume que le candide Rabillé lui avait procuré, quelques aunes d'une étoffe acquise par elle pour un autre usage, et qu'elle tourna autour de son corps en manière de ceinture, par-dessous son sarrau. Elle avait fort bien senti que cela contribuerait à la rendre plus leste et plus forte, et, en outre, elle y plaça quelques pièces d'or en petite quantité pour les besoins urgens ; car à l'égard de la vie ordinaire, elle n'y voulait rien de plus que ce qui devait faire le lot des misérables dont elle adoptait le vêtement. Elle se salit aussi le visage et les mains avec une teinture de brou-de-noix qu'elle avait préparée d'avance; et en attendant l'heure du départ, elle écrivit à ses parens un billet ainsi conçu :

«La dispersion de ceux qui s'aiment est le malheur le plus inévitable des temps semblables à celui où nous vivons. Qu'elle soit fortuite, qu'elle soit volontaire, qu'elle arrive plus tôt ou plus tard, ce sont des circonstances qui ne sauraient ajouter ou retrancher que peu à ce que cette fatale nécessité a de cruel. Je suis obligée de vous quitter pour l'accomplissement d'un projet que vous n'approuveriez pas; car, pour le concevoir seulement, il faut avoir le cœur rempli des sentimens qui dévorent le mien. Pardonnez-moi donc de n'avoir pris conseil que de moi-même, et croyez bien que je voudrais pouvoir, au prix de tout mon sang,

vous épargner les peines que je vous
cause.

» Adieu…. adieu peut-être éternel!»

Elle laissa ce billet ouvert sur le pu-
pitre de son clavecin, et se mit à genoux au pied de son lit, en attendant
l'heure où sa famille réunie pour souper lui laisserait la sortie libre. Elle
pria mentalement. Peut-être se trouva-
t-il dans sa prière quelqu'une de ces
touchantes expressions dont la simpli-
cité va droit au cœur; peut-être l'acte
pieux qu'elle accomplissait la disposa-
t-il à des sentimens plus naturels à son
âge et à son sexe. Tout à coup sa tête
tomba, sa respiration devint convul-
sive, et elle fut obligée d'appuyer fortement son visage sur son lit pour
étouffer les cris nerveux et involon-
taires qui s'échappaient de sa poitrine.

En ce moment sa femme-de-chambre frappa deux petits coups à sa porte.

— Mademoiselle! Mademoiselle!

— Que lui voulez-vous à Mademoiselle?

— Je veux lui dire qu'on l'attend pour souper.

— C'est-à-dire qu'on se met à table, car l'habitude n'est pas d'attendre.

— Qu'on se met à table, soit. Mais c'est déjà bien assez pour Madame que la place de M. Charles soit vacante auprès d'elle, sans que l'absence de sa fille chérie, de sa Laurentine, vienne encore lui faire mieux remarquer le vide qui l'afflige.

— Pauvre dame! c'est vrai.

— Mais Mademoiselle ne répond pas.

—Je crois... qu'elle n'est pas dans sa chambre.

—Et vous me laissez perdre là un temps!... Où est-elle donc?

— Mais elle est... il m'a semblé qu'elle était allée du côté de l'orangerie.

—De l'orangerie, à cette heure-ci! que serait-elle allée faire par-là?

—Je ne sais. Elle m'a dit...

— Elle vous a dit?... Parlez donc.

— Elle m'a dit : Rabillé... Je vais me promener un peu seule dans les environs de l'orangerie... Si on me demande... vous enverrez par-là.

— Voyez un peu; et il m'arrête là à parler! C'est que le jour est tout-à-fait tombé. L'orangerie... c'est loin... le bois est là tout proche au bout du boulingrin. Le soir... un bois... Moi, j'ai peur.

— Bah ! peur ! Vous chanterez, vous appellerez Mademoiselle.

— Et si elle allait ne pas répondre...

— Pourquoi voulez-vous qu'elle ne réponde pas?

— Que sais-je, moi? Tenez, mon bon petit M. Rabillé, vous devriez venir avec moi.

— Ça m'est impossible.

— Comment?

— Ah! comment... parceque j'ai affaire ici... et puis ailleurs... et puis... Bref, je vous accompagnerais de tout mon cœur; mais je ne le peux pas; en vérité de Dieu, je ne le peux pas.

— Je vas prendre Jean-Louis le bouvier, ou Thomas... Mais si personne ne vient avec moi, je sens que je n'aurai pas le courage d'aller jusqu'à l'orangerie.

— Allez, allez : j'entends remuer les chaises, on se met à table.

L'entretien finit là. Les pas de la femme-de-chambre se firent entendre dans l'escalier, et trois petits coups frappés de nouveau à la porte, accompagnés d'une toux étouffée, annoncèrent à Laurentine que le moment était favorable pour partir, et que Rabillé se trouvait enfin seul. Elle se munit d'un fusil de chasse léger et proportionné à sa taille, dont elle avait eu soin de s'emparer la veille, et qui appartenait à son frère; puis elle ouvrit. Le petit barbier était en effet à ses ordres, et comme elle il avait eu la

précaution de s'armer. Ils descendirent
l'escalier en silence. Il n'y avait personne dans la cour : un vif sujet d'inquiétude les y attendait cependant.
Pluton était libre : il ne reconnut pas
Laurentine sous l'étrange costume
qu'elle portait; il se mit en arrêt devant les fugitifs, et les retint en gron-
dant et en faisant retentir la cour de
sa voix de tonnerre. Deux mots prononcés bas par sa jeune maîtresse le
rendirent cependant plus traitable, et
il la laissa passer en lui faisant quelques
caresses où perçait un air de contrainte
et d'étonnement. Mais ses cris avaient
donné l'alarme à M. du Bard : il sortit
de la salle à manger pour voir ce qui y
donnait lieu. Il arriva dans la cour au
moment où Rabillé, ayant ouvert la petite porte, en faisait franchir le seuil à
Laurentine.

— Qui va là?

— C'est moi, Monsieur, moi, Jean-Baptiste.

— Pourquoi donc Pluton a-t-il aboyé comme il vient de le faire?

— Oh! c'est un bon chien. Oui, Pluton, oui, tu es bon. Il me caresse, il me remue sa grosse queue comme s'il m'entendait. Allons, laisse-moi.

— Où allez-vous donc?

— Je vas à une petite affaire.

— Vous êtes armé?

— Oui, j'ai le fusil qui m'est revenu de notre dernier combat.

— Il y a quelqu'un avec vous?

— Avec moi?

— Eh mais, certainement... quelqu'un qui se dissimule, mais que je vois très-bien malgré l'obscurité. Tenez, il repousse Pluton qui lui lèche les mains : il faut que ce soit quelqu'un qui ait des habitudes ici.

— Ne parlez pas si haut, Monsieur, que Françoise ne vous entende. C'est mon petit cousin Cadichon , le fils à Thomas Létombi du Grand-Luc... Il y a une embuscade ce soir... il vient me chercher

— O malheureux temps! malheureux peuple! La vie de l'homme n'est pas assez courte; il faut qu'ils l'accélèrent par ce mouvement! Qui a un état, une situation stable aujourd'hui en France? Toute la génération actuelle est perdue; et au profit de qui? de la postérité qui probablement ne voudra pas de son ouvrage! Allez, allez; que

je ne vous empêche pas de faire ce
que vous considérez comme votre devoir. Je ne l'empêcherais pas demain
d'ailleurs : allez... et que le ciel ait
pitié de vous !

La voix du bon M. du Bard était pleine
de mélancolie en prononçant ces paroles ; elle fut sympathique et pénétrante
pour Laurentine déjà si troublée de
ses propres émotions. Elle perdit tout
empire sur elle-même, quand l'excel-
lent homme, complétant sa pensée
par le geste, avança la main vers son
guide et vers elle. Elle se précipita sur
cette main chérie, la pressa vivement
entre les siennes, et y imprima un ar-
dent baiser. Elle murmura même un
mot d'adieu que ses sanglots empêchè-
rent d'entendre, et entraînant aussitôt
Rabillé, elle disparut bientôt avec lui, et

tous deux se perdirent dans l'épaisseur des ténèbres.

Dans le même moment, la femme-de-chambre, revenant de l'orangerie, annonça qu'elle avait en vain cherché mademoiselle Laurentine.

III.

Les Chênes sacrés.

— Eh bien ! Mademoiselle, où allons-
nous à présent ? demanda Rabillé à
Laurentine, après un quart-d'heure
de marche dans l'obscurité.

— Souviens-toi d'abord de ne plus

m'appeler Mademoiselle. Je n'ai pas
pris ce déguisement pour me faire reconnaître.

— C'est juste. Mais quel nom voulez-vous que je vous donne?

— Nomme-moi Laurent : cela ne te
sera pas difficile.

— Sûrement : Laurent, Laurentine :
ça va tout naturellement. Mais encore
une fois, Madem... c'est-à-dire Laurent, où allons-nous?

— Je ne le sais pas bien : c'est toi
qui vas en décider. Tu connais tous
les chefs de notre armée; on dit qu'il
en est plusieurs dont Charette n'est
pas fort aimé.

— Je crois qu'il n'est aimé d'aucun,
et c'est un grand malheur. On ne s'entend pas, voyez-vous, pour les atta-

ques, et on se fait battre, et ça traîne les choses en longueur, et le pays est en souffrance.

—Quel est de tous ces Messieurs celui qui en veut le plus au chevalier de la Contrie?

—Premièrement, il y en a beaucoup qui ne sont pas des Messieurs : on ne les a même pas nommés; ils se sont trouvés chefs on ne sait comment, par hasard, par bonheur. Pajot est commandant, et moi je ne suis rien.... je suis ce qu'ils appellent un homme. Eh bien! Pajot n'est pourtant qu'un garçon d'écurie; et moi je suis comme une espèce de bourgeois : j'ai un état et le droit de porter l'épée. Pajot me doit encore les six liards de la dernière barbe que je lui ai faite. Je ne dis pas ça pour en parler, parce que je suis au-dessus de six liards ; mais c'est seulement pour dire qui si ça s'était trouvé, j'aurais pu être commandant tout comme un autre.

— Ainsi, aucun d'eux n'a vu l'élévation de Charette avec plaisir ?

— Aucun. C'est la jalousie, voyez-vous, c'est l'envie. Pajot a beau faire, il sent bien qu'il n'est bon qu'à lui tenir l'étrier. Puis au conseil, qui est-ce qui a raison ? c'est toujours celui qui sait parler sa langue. Allez demander ça à Pajot, à Savin et même à M. Joly. Il n'y a que M. de la Cathelinière et que M. Vrigneau qui puissent s'énoncer comme M. de Charette. Eh bien ! il est plus jeune qu'eux, il est mieux fait, il a l'air plus militaire... et il est plus regardé des dames de Machecoul. Ah ! mais c'est comme ça !

—C'est dans le cantonnement de Vieille-Vigne que se trouve M. Vrigneau?

—Oui, Madem... oui, Laurent.

—C'est là que je te prie de me conduire.

—A Vieille-Vigne?

—Oui. Tu me présenteras à quelqu'un des officiers de M. Vrigneau; tu diras que je veux combattre pour la cause commune, et tu répondras de moi. Je parle le patois du pays; je serai un villageois des environs de Fontenay, ton parent, celui de ta femme, tout ce que tu voudras; mais il faut que tu fasses ce que j'exige.

— Mais, Mademoiselle, songez-vous?...

—J'ai songé à tout. Les objections

que tu pourrais me faire, je me les suis
faites à moi-même, toutes et beaucoup
mieux que toi sans doute; il n'y a plus
à y revenir; et souviens-toi que j'ai ton
serment.

— Combattre! vous! une jeune demoiselle si douce, si sage, si bien élé-
vée! c'est donc une maladie qui règne
sur ce malheureux pays! Cependant,
Madem... Laurent, je dois vous dire...

— Marchons, marchons.

— Je dois vous dire que nous autres
pauvres diables de petits bourgeois et
paysans, commençons à ne plus voir
les choses tout-à-fait du même œil. Il
nous est arrivé bien des malheurs : nos
champs, nos pauvres demeures ont été
bien ravagés; il nous en a coûté bien
du sang, et bien des pleurs à nos pauvres femmes. Où en sommes-nous ce-

pendant? La cause de Dieu n'en est pas
sur un meilleur pied ; les républicains
ont tué notre bon Roi, et même le
bruit court qu'ils repoussent vaillam-
ment devant eux la frontière de France
jusque chez ceux-là qui avaient com-
mencé par la franchir. Ah! Mademoiselle, je vous réponds qu'on est bien
découragé dans le doyenné.

La lune venait de se lever. Laurentine et Rabillé se trouvaient sur une
hauteur d'où ils dominaient une assez
grande étendue de terrain. La sérénité
du ciel et de l'atmosphère leur permettait de promener leur vue au loin.
Quelques sons inarticulés, mais qui
paraissaient soumis à une cadence ré-
gulière, vinrent frapper leurs oreilles.
C'étaient des fragmens d'harmonie dis-
persés par la brise, comme le sont quel-

ques particules odorantes d'un champ de fleurs, comme encore les légères pailles enlevées de l'aire où le laboureur fait résonner le fléau sur ses gerbes ; ne suffisant pas à faire apprécier la masse d'où elles sont arrachées, mais indiquant fort bien que cette masse est là dans le voisinage.

— Qu'est-ce que cela? dit le petit barbier en arrêtant Laurentine de la main.

—Écoutons. On dirait un chant d'église.

—Il vient de ce côté.

—Non, de celui-ci.

— C'est vrai.

—Et de cet autre.

— Voilà qui est singulier.

— Arrêtons - nous , et tâchons de voir ce que c'est.

Un carrefour était à leurs pieds. L'un des chemins qui venait y aboutir, blanc et éclairé sans obstacle par les rayons de la lune, leur parut s'obscurcir sur quelques points. Mais cette obscurité n'était point permanente; les interval-les dont elle semblait coupée ne demeuraient pas toujours les mêmes : tantôt ils étaient plus considérables, tantôt moins; quelquefois ils disparais-saient entièrement, et les objets entre lesquels on les avait vus se réunissaient comme des globules de mercure sur un plan incliné, ou comme les tron-çons séparés d'un énorme serpent. C'était cette dernière forme surtout qu'affectait l'objet dont le chemin était couvert ; avançant lentement, en dé-

crivant des sinuosités , ainsi qu'un rep-
tile qui rampe sur ses anneaux, mince
à la tête, enflé vers l'épigastre, et fi-
nissant par une queue longue et
mince.

Le même spectacle s'offrit sur deux
autres des chemins, et même il y parut
multiplié.

— Je sais ce que c'est, dit Rabillé en
se signant et se mettant à genoux. On
n'est au courant de rien dans votre
respectable famille, Mademoiselle ! Fi-
gurez-vous que la sainte Vierge appa-
raissait la nuit dans un vieux chêne
près Saint-Laurent-de-la-Plaine. Tout
le pays, à plus de six lieues à la ronde,
faisait des pèlerinages au vieux chêne,
avec la croix, la bannière et les cierges
allumés ; partout, sur leur passage, ces
pieuses processions forçaient les pa-

3.

roisses qui avaient des prêtres asser-
mentés à envelopper les croix de leurs
églises et de leurs calvaires d'un voile
de deuil.... et cela saisissait d'horreur.
Il y eut des gens fusillés et pendus. Les
révolutionnaires voulant sauver les
leurs de cela, ont abattu le chêne; et
la sainte mère de Dieu n'a plus reparu,
c'est-à-dire n'a plus reparu en cet en-
droit-là. Elle a été à l'abbaye de Belle-
Fontaine, près de Bégrolles. Plusieurs
saintes personnes l'ont vue, lui ont
parlé ; elle a même touché la main à
quelques-unes. Cette bonne Vierge
était en faïence. Elle se retirait aussi la
nuit, quand il faisait un beau clair de
lune, sous un chêne. Là, et plus de
mille personnes véridiques l'ont vu
de leurs propres yeux, de loin, parce
qu'il serait mort subitement quiconque aurait osé approcher; là, dis-je,

les anges descendaient du ciel et célé-
braient des messes miraculeuses qui
étaient des indulgences plénières pour
ceux qui avaient le bonheur d'y assister. Les réprouvés de patriotes arrivèrent encore, et le chêne fut encore
déraciné, et la mère du Sauveur trans-
portée à Notre-Dame de Chollet, où
elle ne veut plus que sa sainte image
fasse des miracles. Mais on prétend
que depuis quelque temps elle se
montre ici, sous le grand arbre que
vous apercevez à votre gauche : c'est
encore un chêne. Ce que nous venons
d'apercevoir sur ces chemins, les bruits
que nous avons entendus et que vous-
même avez reconnus pour des chants
d'église, tout cela me confirme la
chose, Mademoiselle : ce sont des processions qui se rendent au chêne ; et
nousallons en être témoins. Mettez-vous

à genoux avec moi, Mademoiselle, je
vous en conjure, et prions.

— Tu vois que tu ne veux pas te
déshabituer de m'appeler Mademoiselle.

— O Mademoiselle! pour le présent
n'exigez pas de mensonge de moi. On
ne nous entend pas; cela ne vous fait
rien. Laissez-moi gagner les indulgences qui se présentent; après nous verrons.

Il n'y avait rien à répliquer. Laurentine s'agenouilla auprès de Rabillé, et
tous deux virent ce qui suit :

Les processions, chantant les *Litanies
de la sainte Vierge*, approchèrent successivement, et se rangèrent en cercle
devant le chêne du carrefour. Des prêtres en camail et en surplis, tenant des

cierges à la main, firent sur le front
de la foule l'office de gardes, et la
retinrent sans effort dans les limites
qu'il était interdit de franchir. Quand
chacun eut solennellement pris place,
un pieux silence régna quelques instans
parmi cette multitude, et l'arbre mira-
culeux fut tout à coup environné d'une
éclatante lumière. Alors une voix claire
et élevée, soprano digne des chœurs
célestes, entonna l'antienne *Maria*,
mater gloriæ, et tout le monde tomba
prosterné. La Vierge parut aussitôt,
sans qu'aucun œil humain pût se flatter
de l'avoir vue arriver. Elle était vêtue de
blanc, et tenait l'Enfant-Jésus entre ses
bras. Saint François-d'Assise, recon-
naissable à son auréole, à ses stigmates
et à son cordon, faisait partie du groupe
sacré, et semblait être, auprès de la
mère divine et de son divin fils, l'inter-

prête des hommages et des vœux de la pieuse assistance (1). Après l'antienne, une musique mystérieuse se fit entendre., et le sacrifice de la messe commença. Aucune des paroles consacrées ne fut prononcée; mais un ange, qu'un autre ange assistait, en accomplit toute la cérémonie avec une précision qui permit à chacun de suivre le progrès du saint sacrifice, et de suppléer à ce silence redoutable.

Rabillé frissonna de tout son corps. Laurentine ne put se défendre d'une sorte d'horreur. — Ou tout cela est une réalité, se dit-elle; et quel spectacle pour des yeux mortels! ou c'est une jonglerie; et quels sentimens de haine

---

(1) On n'invente rien.

et d'indignation ne doit pas inspirer une profanation si abominable !

Après cette inconcevable cérémonie, la lumière miraculeuse s'éteignit, et une profonde obscurité lui succéda, car la lune avait disparu. Rabillé, saisi de terreur, entraîna précipitamment Laurentine au bas du monticule, et ils rejoignirent la foule qui, avant de se retirer, entendait un prédicateur au sein des ténèbres. Laurentine reconnut sa voix : c'était le frère Magloire. Il invitait les *guerriers du Seigneur* au courage et à la persévérance, leur annonçant, au nom de Marie et de son fils, des indulgences dans cette vie, et la félicité éternelle dans l'autre.

Le jour était venu quand nos voyageurs arrivèrent à Vieille-Vigne, et ils trouvèrent que l'armée s'y rassemblait

5..

pour une nouvelle expédition. L'occasion était favorable. Ils se présentèrent
tous deux à la division Vrigneau, où
Rabillé était fort connu, et où sa présence fit admettre Laurentine sans in-
formation. Depuis la messe miraculeuse, le mari de Françoise n'était plus
ce qu'il s'était montré auparavant, dé-
goûté de la guerre, et prêt à beaucoup
de sacrifices pour voir renaître les douceurs de la paix. Il ne respirait qu'alar-
mes et combats, et ne se lassait pas de
féliciter le jeune Laurent sur une résolution qui lui semblait inspirée par le
ciel même.

Le but dans lequel on se rassemblait
était une attaque par surprise du bourg
de Legé, d'où les républicains avaient
chassé Charette depuis quelques jours.
Il passa l'armée en revue, lui adressa

quelques mots d'éloge et d'encourage-
ment, et donna le signal du départ.

IV.

De par le Roi.

Laissons Laurentine se tirer comme elle le pourra de son début dans la carrière des armes, et retournons un moment au Bard, où sa disparition ne

peut manquer d'avoir eu des effets
fâcheux.

Quand sa femme-de-chambre, revenant de l'orangerie où elle était allée
l'appeler par le conseil de Rabillé,
annonça qu'elle ne la trouvait pas, il y
eut un moment de stupeur dans la famille. La bonne madame Guesdon,
encore pénétrée de l'affliction que lui
avait causée le départ de son fils, pensa,
par un vague pressentiment de mère,
qu'il lui faudrait des forces qu'elle ne
sentait pas en elle pour supporter le coup
d'une autre séparation. Elle regarda
son mari qui, dans le même instant,
portait ses yeux sur elle, saisi d'un
soupçon que les circonstances du départ de Rabillé commençaient à faire
naître en son âme.

Madame de Bretignolles concevait

aussi une inquiétude qui approchait de la terreur, en se rappelant la sombre mélancolie dans laquelle sa sœur, dont elle connaissait l'esprit bizarre, était tombée depuis quelque temps. Le marquis n'était pas de caractère à s'alarmer aussi vivement pour quelque chose qui ne lui était pas directement personnel ; il remit cependant sur son assiette une aile de poulet qu'il portait à sa bouche.

— Je n'pense pas, dit-il, qu'i' lui soit rien arrivé ; mais il est ridicule à elle de nous inquiété ainsi. Au reste, pourquoi êtes-vou allé la chercher du côté de l'orangerie, Mademoiselle ? Elle n'y va pâ habituellement, à ce qu'i' m'sembe.

— Elle y était allée ce soir, Monsieur.

— Vous l'y aviez donc vue ?

— Non; on m'a dit que je l'y trou-
verais.

— Qui vous a dit cela ? demanda
vivement M. du Bard.

— C'est Jean-Baptiste.

— Quand ? à quel propos ?

— Quand je suis montée ce soir à
la chambre de Mademoiselle. Il était à
la porte...

— A la porte de ma fille !

— Oui, Monsieur.

— Seul ?

— Seul.

— Et vous n'avez vu, en montant
ni en descendant, personne dans la
cour ?

— Je n'ai vu personne.

— Il faut courir ! s'écria M. du
Bard en se levant; il faut aller sur les
traces de Rabillé, et le ramener ici
avec un jeune homme qui l'accom-
pagne. Il faut vite seller des chevaux...

— Et qui le's mont'ra ? objecta M. de
Bretignolles : ce n' s'ra pas vous qui
dès long-temps en avez perdu l'habitude; ce n' s'ra pas moi... qui souffre
ce soir de ma blessure... D'ailleurs,
qu'est-ce que Rabillé , qu'est-ce qu'un
jeune homme avec lequel i paraît qu'i
court les champs, ont affaire en ceci ?
Montons à la chamb'e de la p'tite
sœur : nous verrons si elle y est; nous
trouv'rons peut-être quèque indice...

On ne laissa pas achever le marquis;
son idée parut si juste à tout le monde,
qu'on y adhéra soudain et d'un commun accord. On se leva de table pré-

cipitamment, on courut à la chambre de la fugitive. On y entra sans difficulté, parce qu'elle avait eu soin de laisser la clé à la porte : on trouva sa lettre....

La lecture n'en était pas achevée, que madame du Bard, poussant un soupir douloureux, tomba profondément évanouie. Dès-lors on ne s'occupa plus que d'elle ; et cela prit beaucoup de temps. Quand elle fut un peu calmée et qu'on l'eut mise au lit, son mari revint à la première idée qu'il avait conçue : celle de courir sur les traces de l'insensée Laurentine. Peut-être était-il encore heure de tenter ce moyen. Quoique la fugitive eût marché vite, puisque Rabillé était son guide, celui-ci avait dû cependant beaucoup ralentir son allure à cause d'elle, et un bon cheval ne

pouvait tarder à les rejoindre. Quand
cela ne fût pas exactement arrivé, on
devait au moins les trouver sur la colline où ils s'arrêtèrent pour assister à
la messe miraculeuse.

Deux chevaux furent donc sellés,
l'un pour M. Guesdon, l'autre pour un
domestique, auquel il donna ordre de
le suivre, son gendre ayant allégué de
trop bonnes raisons pour ne pas l'accompagner. Sur l'avis de ce domestique, on résolut de mettre aussi Pluton
de la partie. Son attachement pour sa
jeune maîtresse était manifeste, et
aucun effort d'esprit ne pouvait aussi
sûrement indiquer la route à suivre,
que l'instinct du fidèle animal.

M. Guesdon venait de se botter; es-
corté du marquis, de la marquise de
Bretignolles, et de tous les habitans

de la maison, à l'exception de celle
qui en était la maîtresse, il entrait dans
la cour où son compagnon de voyage
tenait Pluton et les deux chevaux
prêts. Un bruit se fit à la porte exté-
rieure, comme d'une voiture qui s'arrêtait; on entendit les pas de quelques
personnes qui paraissaient mettre pied
à terre; et aussitôt la cloche retentit
avec l'accompagnement obligé des
aboiemens de Pluton et de son aco-
lyte. On se hâta d'ouvrir : une espérance vague du retour de Laurentine
pénétra dans tous les cœurs et excita
cet empressement. Dès que la solide
barre de fer qui unissait les deux bat-
tans de la porte fut levée, cette porte,
rudement poussée de l'extérieur, tourna
pesamment sur ses gonds, et, à la lueur
des lumières qui alors se trouvaient
dans la cour, on vit en effet une char-

rette couverte en travers de la porte ;
puis deux hommes à cheval entrèrent,
suivis de trois fantassins, tous armés
jusqu'aux dents. Il fallut de grands
efforts pour retenir Pluton, qui voulait
se jeter sur eux.

Celui qui paraissait commander cette
troupe descendit hardiment de son
cheval, et, une espingole à la main,
menaça de tuer le chien s'il ne se tai-
sait à l'instant. On fut obligé d'emmener l'animal. — Où est le sieur
Guesdon du Bard ? demanda aussitôt
le même homme. Et le père de
Laurentine s'avançant : Monsieur,
ajouta-t-il, *de par le roi*, vous allez
me suivre.

— De par le roi, Monsieur! Ah ! je
voudrais bien que quelqu'un au monde

fût fondé à m'intimer des ordres en son nom.

— Vous imaginez-vous donc que parce que Louis XVI est égorgé, il n'y a plus de roi en France ? Vous n'avez pu venir jusqu'à votre âge sans savoir que le roi ne meurt jamais parmi nous, Monsieur. Après Louis XVI, il y a Louis XVII.

— Pauvre enfant, qui achève dans une prison sa vie à peine commencée ! Ce n'est pas en son nom sans doute que vous attentez à ma liberté.

— C'est au nom de ceux qui le re-présentent légalement; c'est au nom du conseil de régence.

— Où siége-t-il ?

— Je ne m'en informe pas : il existe, il a le droit d'exister, cela suffit. Le co-

mité contre-révolutionnaire de Machecoul, qui agit en son nom, et que je re-
connais, m'a donné ordre de vous ar-
rêter; et vous allez me suivre de bonne
grâce, ou la force va vous y con-
traindre.

— Je cède toujours à la force,
Monsieur; disposez de moi.

La terreur et l'indignation étaient
peintes sur toutes les figures. Madame
de Bretignolles se jeta en pleurant aux
pieds de ce commandant; son mari
tenta même de présenter quelques ob-
servations.

— Monsieur le marquis, lui dit sévèrement le Vendéen, vous avez à la
main une blessure qui est lente à se gué-
rir. Par saint Laurent! à votre place je
me ferais couper le bras pour en finir.
Les gens de l'art vous diront dans quel

temps donné on fait un bon moignon. Mais une égratignure qui s'opiniâtre, c'est éternel, et cela déshonore un homme, car on en peut conclure que son sang ne vaut rien.

Pendant ce colloque, M. du Bard était monté dans la charrette, où les piétons prirent place avec lui. Il recommanda qu'on ne dît rien à sa femme de ce dernier événement, jugeant qu'elle s'inquiéterait moins de le savoir à la recherche de Laurentine, qu'à la discrétion du comité contre-révolutionnaire. Le commandant de l'escorte remonta à cheval, et la charrette s'éloigna.

Revenons à Laurentine.

On désire sans doute savoir dans quel dessein elle avait quitté sa famille. Nous ne pourrions dire qu'elle-même

s'en fût rendu compte. Elle voulait se
venger de Charette, s'en venger cruellement. Or, chez elle, dans la paisible
retraite où vivaient son père et sa
mère, le moyen d'atteindre un général, un simple chef de parti, à la tête
des siens! Quand elle vit partir son
frère, qui lui avait inspiré quelques-
unes de ses idées républicaines, elle songea à le suivre. Mais y pouvait-il con-
sentir? Puis, quels avantages cela lui
donnait-il sur son ennemi? L'ajuster de
loin, lui brûler la cervelle ou lui passer
son sabre au travers du corps dans une
mêlée au milieu du bruit, des cris qui
pouvaient empêcher qu'il entendît ce
qu'elle lui eût dit avec délices en un
tel moment : Chevalier de la Contrie,
ceci part de ma main? D'ailleurs, quand
une fois elle serait incorporée dans
l'armée de la République, qui lui garan-

tissait qu'elle serait employée dans la
Vendée, dans le Marais, contre Charette? C'était à lui seul qu'elle en voulait mortellement, et sa haine souriait
à l'idée d'être près de lui, et d'avoir
mille occasions inattendues de lui nuire.
Cette dernière pensée prévalut, et ce
fut à elle qu'elle se laissa guider.

Quand, ainsi que nous l'avons dit, le
général eut passé son armée en revue,
il donna le signal du départ, et l'on
quitta Vieille-Vigne. Les diverses divisions réunies formaient une masse de
dix à douze mille hommes. Il y avait six
pièces de canon et près de cinq cents
chevaux. Pajot commandait l'artillerie,
et Joly la cavalerie.

On marcha en silence, s'agenouillant
et récitant quelques prières devant
chacune des nombreuses croix qui se

rencontrèrent sur le chemin. Charette donnait toujours le signal de ces dévotions. Laurentine entendit plus d'une fois Vrigneau, qui marchait sur le flanc de sa division, faire des réflexions chagrines sur Charette. — Où nous mène-t-il? disait-il à ses officiers; à Legé, sans le moindre doute. C'est là qu'il règne, c'est là que le sultan a son sérail. Hypocrite! je ne sais comment il peut prier avec cet air bigot, quand il n'ignore pas que nous le connaissons.

Et ces mots se répétaient à voix basse dans les rangs, et ceux de traître et de lâche, que quelques-uns y ajoutèrent, frappèrent même l'oreille de Laurentine. Le dernier lui fit de la peine; elle ne put s'empêcher de témoigner qu'elle n'y croyait pas.

On rencontra ce qu'on nommait

l'armée républicaine au passage de la Boulogne. C'étaient sept à huit cents hommes de gardes nationales, mal armées, mal approvisionnées, mal commandées. L'effet d'une discipline un peu meilleure que celle des Vendéens se fit cependant sentir. Cette troupe, qui n'avait que deux pièces de canon, et point de cavalerie, tint là près de deux heures. On brûla beaucoup de poudre ; la fusillade et les grosses bouches à feu firent un grand bruit, et il tomba peu de monde de part et d'autre. Il ne parut pas à Laurentine que la guerre exigeât un courage tel qu'elle se l'était figuré en lisant des récits de batailles. Cela tenait peut-être à ce qu'il y avait une rivière entre elle et l'ennemi, et surtout à ce qu'elle se sentait du côté du plus grand nombre. Enfin, elle n'eut point peur.

4.

Toutefois, un sentiment douloureux ne tarda pas à s'emparer d'elle. Bien que les gardes nationales, opposées dans l'origine aux Vendéens, appartinssent presque toutes à des contrées peu éloignées, elles ne connaissaient cependant pas le pays aussi bien que ceux qui l'habitaient. A quelque distance du point défendu, il y avait un gué que Joly avait cent fois passé seul et pour ses affaires personnelles. Il prit deux cents cavaliers d'élite, qu'il déroba aisément à la vue de l'ennemi en les faisant filer derrière une haie et un long rideau d'ormeaux plantés sur le bord d'une prairie. Il gagna ainsi le gué, traversa la rivière, favorisé par un monticule interposé entre les bleus et ce passage, et, parvenu sans accident de l'autre côté de la rivière, se lança au grand galop sur le flanc des républicains.

On avait aperçu toute sa manœuvre du côté des siens. Cependant, quand il fut passé on le perdit un moment de vue, parce qu'il fut obligé de tourner le monticule qui l'avait dérobé à la vigilance de l'ennemi. Mais on vit tout à coup celui-ci s'ébranler, rompre sa ligne, et tenter de former de nouveaux rangs pour faire face à cette nouvelle attaque : cela ne fut pas possible. De la rive droite, les Vendéens se mirent à pousser d'horribles cris; en même temps une bordée des six canons fut lâchée à mitraille. La débandade se mit aussitôt parmi les pauvres soldats patriotes.

Alors Laurentine vit paraître Joly à la tête de ses cavaliers, auxquels il ne

fut opposé aucune résistance. Ils s'é-
tendirent, se dispersèrent, au milieu des
fuyards, parmi lesquels ils ne trouvèrent d'autre embarras que celui de
choisir et de frapper les victimes. Cela
lui parut lâche et affreux. C'est cependant la guerre.

L'armée passa au gué indiqué par
Joly, et arrivée sur le terrain qu'avaient
occupé les bleus, elle recueillit un
ample butin. Elle s'empara des deux
canons et ramassa plus de cinq cents
fusils qui lui furent d'un grand secours. Laurentine vit des morts qu'on
dépouillait, des mourans, aux souf-
frances desquels on n'avait pas la charité de mettre fin, et des blessés qu'on
faisait prisonniers ou qu'on égorgeait
impitoyablement : elle commença à

comprendre que le métier des armes exigeait un cœur ferme.

On reforma les rangs pour attaquer Legé. Mais cela fut inutile: quand on y arriva, l'ennemi s'était retiré en toute hâte sur Palluau.

V.

La Mutinerie.

L'ARMÉE fut reçue dans Legé avec
de grandes acclamations. Charette marchait à la place d'honneur, et ce fut
à lui particulièrement que les hommages publics s'adressèrent. Il les reçut

avec grâce, mais comme chose due, et Laurentine put remarquer qu'on ne l'avait pas calomnié en disant qu'il était dans ce bourg comme un sultan dans son sérail : elle le vit échanger des regards et des saluts très-significatifs (ou qui du moins lui parurent tels), avec une foule de jolies femmes qui s'étaient placées aux fenêtres sur son passage.

Le butin, amené à sa suite comme trophée, fut conduit devant l'église. Là on en fit des lots pour être partagés entre les différens chefs qui devaient ensuite les distribuer dans leurs divisions selon les droits et les besoins de chacun. Le général prit pour lui les canons, un caisson de cartouches sur deux, et près d'un tiers des fusils. La division la plus mal partagée fut celle

4..

d'Esenay, et cependant c'était à Joly, son commandant, qu'on devait la victoire. Cela causa du mécontentement. Charette le vit bien; mais il n'en tint compte.

Il n'y avait pas deux heures qu'on était à Legé quand les membres du corps administratif y arrivèrent. Ils vinrent complimenter le général, ayant à leur tête l'affreux Souchu, président du comité. Son premier soin fut de réclamer les prisonniers : c'était sa part, son butin, à lui. On les lui amena, et il les fit conduire en prison. Bientôt deux cavaliers parurent et attirèrent tous les regards. Ils escortaient une carriole couverte, dans laquelle était, dit-on, un prisonnier d'importance. Souchu, le montrant du doigt à Charette, parut lui en expliquer le mys-

tère ; et Laurentine entendit le général répondre en riant : — Sur mon
honneur, mon cher président, vous
êtes plus vigilant et plus actif que Du-
mas et Fouquier-Tinville.

Cependant une voix sortit de la
charrette, quand, en se rendant à sa
destination, elle passa devant les gens
de Vieille-Vigne. Cette voix qui pénétra jusqu'au fond du cœur de Laurentine appela très-distinctement : « Jean-
Baptiste ! » La fugitive crut entendre
son père. Son premier mouvement fut
de se précipiter vers la voiture; mais
une soudaine réflexion l'en empêcha :
c'était se trahir elle-même sur un simple soupçon; et ce soupçon, en l'exa-
minant, lui parut manquer absolument
de vraisemblance. Comment croire
que son père qu'elle avait laissé la veille

si tranquille au sein de ses foyers, fût aujourd'hui, sans cause et sans raison, prisonnier de ceux parmi lesquels il vivait du moins inoffensif ?

Cela était peu croyable sans doute; c'était cependant la vérité. Cette voiture qui avait d'abord transporté M. du Bard à l'Hermitière, avait marché à la suite du comité accouru à Legé, dès que la nouvelle du combat de la Boulogne lui était parvenue. Rabillé, plus éloigné encore que Laurentine de l'idée de cette captivité, entendit bien la voix; il crut même la reconnaître; mais il ne put se persuader que ce fût celle de M. du Bard, ni qu'il fût celui à qui elle s'adressait; le nom de Jean-Baptiste ne lui appartenant pas exclusivement, et pouvant être celui de beaucoup d'autres. Le pauvre M. Guesdon l'avait reconnu du premier coup-d'œil, et, plus occupé de la perte de Laurentine que de ses propres dangers, il avait saisi avec avidité l'occasion d'obtenir quelques renseignemens.

Après le partage des dépouilles, les divisions eurent ordre de rentrer dans leurs quartiers jusqu'au premier appel, qu'on annonça ne devoir pas être éloigné. On obéit sans réplique ; mais les sentimens de bon accord, si nécessaires dans les circonstances où l'on se trouvait, n'étaient plus au fond des cœurs.

En retournant à Vieille-Vigne, Laurentine et Rabillé, qui marchaient à l'avant-garde, se firent part de ce qu'ils avaient cru entendre, et de ce que chacun d'eux avait éprouvé lors du passage de la voiture escortée dans Legé. Les idées que la première ré-

flexion leur avait fait rejeter comme
incroyables et absurdes, commencèrent à leur paraître un peu plus dignes
d'attention. L'autorité tout arbitraire
et l'esprit ombrageux du comité leur
semblèrent légitimer tous les soupçons
et toutes les craintes. Ils se rappelèrent
ce qu'on disait de la cruauté de Souchu, et Laurentine frémit.

Cependant, avant d'entamer cet entretien, et d'en venir, à travers les in-
terruptions naturelles et les incidens
de la marche, aux sombres effets qu'il
produisit, il s'était écoulé du temps,
et l'on avait fait du chemin. Laurentine parlait de retourner sur ses pas;
cela n'était plus possible. Il fallut que,
le cœur en proie aux plus mortelles
angoisses, elle regagnât Vieille-Vigne.
Quand elle y fut arrivée, et que, les

rangs étant rompus, elle se retrouva libre et ne dut plus obéissance ni compte de ses actions à personne, quoiqu'elle fût brisée de fatigue :

— Tu es bon marcheur, dit-elle à son compagnon ; si tu veux ajouter un grand service à tous ceux dont je te suis redevable, nous nous arrêterons quelques instans dans ta maison pour nous rafraîchir et prendre un peu de repos, après quoi nous nous mettrons en route pour le Bard. Nous pouvons y arriver au petit jour. Je t'attendrai du côté de la forêt. Tu tâcheras de voir quelqu'un de la famille, ta femme, quelque domestique ; tu demanderas si mon père est au logis... tu t'informeras de la santé de ma mère, et tu me rapporteras le plus tôt qu'il te sera possible les réponses qu'on t'aura faites.

Mademoiselle, répondit Rabillé, certainement il faut entrer dans ma maison et nous y reposer. Je ne serai pas
fâché de me rafraîchir et de prendre un peu de nourriture, après quoi
j'irai volontiers et lestement au Bard.
Mais pourquoi y viendriez-vous avec
moi ? Vous n'avez pas l'habitude de
ces marches forcées ; à moins que
votre intention ne soit de rentrer dans
votre famille (ce que je vous conseille
de tout mon cœur), à quoi peut-il
servir que vous fassiez cette nouvelle
course ? Pas même à ce que vous soyez
instruite plus tôt : car soyez sûre que,
seul, j'irai deux fois plus vite que si
j'avais l'honneur de votre compagnie.
Je serai donc revenu, et vous aurez
vos informations de meilleure heure,
si vous voulez bien avoir la patience
de m'attendre ici, que si, en m'ac-

compagnant, vous me contraignez à
marcher du pas lourd et traînant d'une
personne harassée comme vous l'êtes.
Ajoutez que dans le cas malheureux
où monsieur votre père serait vraiment
à Legé (ce que Dieu et la bonne sainte
Vierge nous veuillent épargner!), vous
vous trouveriez bien plus à portée de
vous y rendre, fraîche et reposée que
vous seriez , après m'avoir attendu
tranquillement ici, que s'il fallait en
faire la route depuis le Bard , surtout
après vous être abimée par une course
inutile, comme le serait alors celle que
vous voulez entreprendre. Ainsi donc
voulez-vous retourner auprès de vos
chers parens? venez avec moi. Per-
sistez-vous à porter les armes pour la
cause de Dieu et de la bonne sainte
Vierge ?...

Laurentine ne le laissa pas achever.

— Pars , lui dit-elle , et reviens promptement : je me rends à tes raisons.

Ils étaient entrés dans la maison où il ne restait que quelques vieux meubles. Rabillé offrit une chaise à Laurentine ; il en brisa une autre dont il fit du feu , et alla quérir dans le bourg de la paille fraîche et quelques alimens grossiers. Après un repas frugal , et tel que de sa vie Laurentine n'en avait fait un semblable , Jean-Baptiste dénouant une énorme botte de paille dans un cabinet :

—Tenez , Mademoiselle , lui dit-il , cette petite chambre clôt bien ; enfermez-vous-y , et étendez-vous sur cette bonne paille. Ce n'est pas le duvet , et la bonne laine tendre , et les draps blancs et fins de votre lit ; mais

ce n'est pas non plus aussi dur que
vous pourriez bien le croire. Enfin,
on n'y a pas froid, et on peut y dormir
d'un bon somme.

Elle en eut bientôt la preuve : elle
s'y était à peine placée, que la lassitude
l'emportant sur toutes les causes d'in-
somnie qui pouvaient la tenir éveillée,
elle tomba dans un profond sommeil.

Quand elle rouvrit les yeux, il était
grand jour. Elle se leva. Rabillé était
parti comme il l'avait promis ; elle jugea
même, elle s'en flatta du moins, que
son retour ne se ferait pas attendre. Dans
cet espoir, elle parcourut le bourg, non
sans avoir eu soin de s'ajuster et de se
rendre méconnaissable. Il y avait un
grand mouvement : presque toute la
division était restée à Vieille-Vigne. On
avait logé chez ses amis ; on avait bi-

vouaqué dans les rues, dans le cime-
tière. Partout des groupes nombreux
se formaient, se divisaient; des fragmens de ces derniers, il s'en composait
de nouveaux. Dans tous, on se livrait
à des entretiens animés; il s'y pronon-
çait des discours que quelques-uns en-
tendaient de bonne foi, et que d'autres,
placés derrière eux, semblaient écouter
pour les reporter ailleurs. Toutes les
maisons étaient transformées en caba-
rets; il y avait foule dans toutes. Les
uns entraient, les autres sortaient;
ceux-ci s'arrêtaient à causer devant les
portes, ces autres marchaient à l'écart
et dans l'isolement. Il y avait agitation
sans turbulence, désœuvrement sans
repos et sans joie : tout était posé, grave
et sévère. Ce n'était pas ce qui arrivait
ordinairement le lendemain d'une victoire.

Laurentine observa, prêta l'oreille partout. Charette était l'objet de tous les entretiens, et sa partialité le texte des plus amères récriminations. « Il ne nous regarde pas comme ses soldats, disait-on ; il n'accorde ce titre qu'à ses trente-huit gardes-du-corps (1), et à messieurs les bourgeois de Legé : aussi ne se fait-il de butin que pour eux. — Il veut que tout tienne à lui seul, reprenaient d'autres ; les canons sont autour de lui, les munitions autour de lui. Sans lui, nous ne pouvons que nous faire battre ; et pour obtenir les moindres avantages, il faut que nous marchions avec lui. — Ce n'est pas cela,

---

(1) Charette avait essayé de se former une espèce de garde à cheval permanente, qui ne fut assez long-temps que de trente-huit hommes.

s'écriaient de plus malintentionnés : il
nous vend aux bleus, il n'est lui-même
qu'un bleu déguisé : il a marché au
10 août contre les Tuileries (1). —Enfin l'opinion la plus accréditée était qu'il
voulait passer à l'armée d'Anjou, dont
il ambitionnait le commandement, et
que, pour s'en faire bien venir, il voulait y arriver avec un matériel imposant.

Tout à coup le tambour bat, on
court aux armes, et l'on va se ranger
en bataille à l'entrée du bourg : c'est
Charette lui-même qui arrive. Il est
entouré de ses cavaliers et de quelques

---

(1) Charette fut en effet arrêté sur la place
du Carrousel, comme il tentait de pénétrer
dans le château, et pour échapper à la fureur
des assaillans, il prit rang parmi eux.

officiers de son état-major. Sa division n'est pas éloignée. Il vient requérir celle de Vieille-Vigne de marcher avec lui sur Machecoul. Un silence morne et de mauvais augure accueille son discours. Il en exige l'explication ; personne n'ose élever la voix ; Vrigneau lui-même se tait : il se montre étonné, mais paraît ne rien vouloir prendre sur lui.

— Qu'est-ce que cela ? demande Charette en piquant son cheval et en s'avançant d'un air impérieux. — Chevalier de la Contrie, lui crie Laurentine du milieu des rangs, tu es un traître, et l'on ne veut plus ici de toi !

Ce mot fut électrique ; des clameurs se firent entendre aussitôt sur toute la ligne : A bas le traître ! à bas le lâche ! à bas le déserteur ! Ces cris

furent accompagnés de gestes mena-
çans, et plusieurs fusils mis en joue
par les séditieux. Un frisson parcourut
tout le corps de Laurentine. La situation du général était extrêmement cri-
tique. Sa vie, sa réputation, tout tenait
à un fil; il le sentit, et prit sur-le-champ
le seul parti qui fût vraiment salutaire.
Ses cavaliers, qui commencèrent par le
couvrir de leurs corps, voulurent tourner bride et l'entraîner avec eux : —
Arrière, arrière! leur cria-t-il, et char-
gez avec moi ces mutins.

En effet, serrant la bride de son
cheval entre ses dents, le pistolet d'une
main et le sabre de l'autre, il fondit au
grand galop sur le point de la ligne,
d'où les cris s'étaient élevés avec le
plus de violence. Il s'ouvrit devant lui
une trouée, au travers de laquelle le

précipita la rapidité de sa course. Mais ramenant aussitôt son cheval en décrivant une légère ellipse, pour ne pas jeter la confusion parmi ceux qui le suivaient, il revint ; et, frappant du plat de son sabre tous ceux qui se trouvaient sur son chemin, il changea en lamentations et en cris de douleur les clameurs séditieuses qui venaient de se faire entendre.

Cela prouvait-il qu'il ne fût pas traître, et qu'on l'accusait à tort de vouloir déserter ? On me permettra d'en douter : le temps où nous vivons nous a montré plus d'une fois l'audace et l'hypocrisie marchant de conserve. Quoi qu'il en soit, le moyen lui réussit. Il y eut bien quelque rumeur à l'aspect de la répression infligée par lui si brusquement et d'une manière si

libérale; mais cela ne dura pas. Il parcourut tout le front de la ligne, en jetant sur chacun des regards farouches
et enflammés de colère. On baissa les
yeux, et tout rentra dans l'ordre. Cette
lâcheté, si commune dans les masses,
indigna Laurentine. Elle se trouvait
dans le groupe qui fut chargé ; mais
la trouée, en s'ouvrant, la plaça à la
gauche du général; et ce fut sur le
flanc droit qu'il tourna ; elle ne se
trouva donc pas sous son sabre. Elle
continua de crier quand il passa ; mais
sa voix se faisant seule entendre, produisit peu d'effet ; et même elle songea
que cette circonstance pouvait la découvrir : elle se tut.

Charette sentant qu'il regagnait ses
avantages, mais comprenant aussi qu'il
fallait achever de les assurer avant de

quitter l'armée, fit former un grand
cercle, et réunissant les officiers autour
de lui, il prononça de toute la force
de sa voix un discours qu'il tàcha de
faire entendre de tout le monde. Il
rappela qu'il n'avait point sollicité
l'honneur du commandement; qu'on
l'avait même forcé de l'accepter : « Les
mots de traître et de lâche ont retenti
à mes oreilles, dit-il, et je ne sais s'ils
ont ému en moi plus d'indignation que
de douleur. Dans toute cette glorieuse
armée, messieurs, s'écria-t-il, il n'y a
pas un seul lâche, il ne peut pas y en
avoir. Pour des traîtres, j'avoue, en
rougissant pour ceux à qui ce reproche
peut convenir, qu'il n'en est pas de
même. Oui, braves amis, il y a des
traîtres dans nos rangs : ce sont ceux
qui sèment la division et qui fomen-
tent des cabales ; mais, par le Dieu

5.

vivant, ce n'est pas moi. « Il se découvrit en prononçant ces mots, et leva les yeux au ciel. On lui répondit de tous les côtés par des *bravo* et des *vivat* prolongés. Quand il vit ses affaires si bien rétablies, il ajouta : « Au reste, nobles frères d'armes, dès la première proposition que vous m'en avez faite, vous commander m'a paru un honneur et un titre au-dessus de mon mérite et de mes capacités. Je ne désire que le triomphe de notre sainte cause, et qu'une place dans vos rangs. Choisissez-en un plus digne que moi, et je lui jure à l'instant même soumission et dévouement sans bornes. »

—Non, non! lui cria-t-on de toutes parts; commandez-nous, soyez notre général; c'est à vous seul que nous voulons obéir.

— Peuple imbécile! pensa Laurentine. Elle ne savait pas que tout peuple était fait ainsi : dupe de tout temps promise aux effrontés et aux charlatans.

Charette fit échelonner l'armée pour la mettre au pas de route, puis appelant de nouveau les officiers auprès de lui : — Messieurs, leur dit-il, vous avez vu ce qui vient de se passer; je dois vous prévenir que je veux être le maître de vous conduire où bon me semblera, sans faire part à personne de mes projets. Je ne communiquerai mes plans à qui que ce soit qu'autant que je le jugerai nécessaire au succès de mes opérations (1). En avant! marche!

Et l'on suivit sans mot dire. Avoir

---

(1) *Le Bouvier des Mortiers*, page 60.

l'autorité et se sentir fort est une occasion naturelle d'insolence et de ty-
rannie. Il faut une rare supériorité
d'esprit ou un grand fonds d'équité
pour ne pas glisser sur cette pente,

Laurentine, obligée de marcher aussi,
malgré l'impatience où elle était de
revoir Rabillé, profita d'un coude que
faisait la route en longeant un taillis,
et revint sur ses pas. Elle avait la clef
de la maison du petit barbier. Elle demanda à quelques bonnes gens du voisinage si on ne l'avait pas vu; personne
ne lui en donna de nouvelles. Elle l'at-
tendit long-temps; il ne parut pas. Enfin l'inquiétude la saisit, et il lui devint
impossible de demeurer en place. Elle
prit sa carabine en bandoulière, et s'a-
chemina vers la route par laquelle son
messager devait revenir. Elle gagna

l'Ebergement, les Brousils, et arriva
jusqu'à la Coupechanière sans le rencontrer. Elle trouva cette dernière
commune entièrement déserte. Un
noir pressentiment s'était glissé dans
son cœur dès le moment où elle avait
quitté la maison de Rabillé; la, elle
se sentit pénétrée de terreur. Que
pouvait-il être arrivé? Et si les habitans de la Coupechanière avaient été
contraints d'abandonner leurs pai-
sibles demeures, qu'étaient devenus ceux du Bard? Elle se mit à
courir. Elle fut bientôt en présence des
lieux chéris où elle avait vu pour la
première fois la lumière du jour, où
ses jeunes années s'étaient écoulées si
riantes et si fortunées. Le deuil, la so-
litude, la dévastation y régnaient maintenant. Le Bard n'existait plus: un in-

cendie, dont le foyer fumait encore, en avait fait un monceau de ruines et d'horribles débris.

VI.

Malheur Prévu.

En quittant Legé pour se retirer à
Notre-Dame-du-Luc où étaient ses can-
tonnemens, Joly tomba dans une embuscade de républicains. L'avantage
du terrain était à ceux-ci; ils surent en

5..

profiter. La division vendéenne n'eut que le temps de gagner la forêt du Gralar, d'où elle envoya demander du secours à Charette. Celui-ci vint de sa personne, et prit habilement l'ennemi en flanc. La victoire allait se déclarer encore une fois pour lui, quand un renfort considérable, parti de Palluau, arriva au secours des bleus. La terreur se mit aussitôt dans les rangs des Liegeois, qui allèrent en pleine déroute rejoindre les leurs dans la forêt. Ils y furent poursuivis et obligés de céder le terrain pied à pied. Faisant ainsi retraite en assez bon ordre, protégés par les arbres derrière lesquels ils se placaient pour éviter le feu des assaillans, ils gagnèrent le Bard et s'y retranchèrent. Leur implacable ennemi les en délogea. Alors, pour l'empêcher de profiter de ce qui s'y trouvait, qu'il eût peut-être trouvé de bonne prise, ils y mirent le feu.

Tels sont les renseignemens que Laurentine recueillit sur l'affreux désastre dont ses regards furent si douloureusement frappés.

Ce qu'on ne put lui apprendre, c'est qu'à l'approche des combattans sa malheureuse famille s'était sauvée à la Coupechanière, et qu'avec toute la population de ce village, elle avait été bientôt contrainte de se jeter dans la campagne, se dirigeant sur Saint-André-de-Goulled'oye.

Il y eut précipitation et confusion dans cette fuite. M. de Bretignolles et sa femme soutenaient dans sa marche chancelante la pauvre madame Guesdon qui avait quitté son lit pour fuir avec eux. Françoise les suivait, portant entre ses bras son enfant et celui de la marquise. Tout à coup un bruit de chevaux lancés au grand galop se fait entendre; on se range en hâte pour leur livrer passage : c'était à la descente d'une colline en forme de mamelon. Madame du Bard et les Bretignolles se jettent à droite, et Françoise avec les enfans à gauche de la route. On reconnaît que les cavaliers qui couraient avec tant de vitesse étaient des Vendéens poursuivis et l'on entend à une très-petite distance les pas de ceux qui leur donnent la chasse. L'effroi prête des ailes à tout le monde. On se disperse, on s'écarte les uns des autres, suivant le premier chemin qui se présente. Au milieu de cette foule craintive et désolée, des coups de feu sont échangés avec une fureur impitoyable. La malheureuse Françoise est atteinte d'une balle; elle tombe à l'instant même avec les deux innocens dont elle est chargée, et que l'instinct d'un bon cœur lui fait presser une dernière fois contre son sein pour les préserver du péril de la chute.

Le jour était sur son déclin : avant que chacun fût remis de sa frayeur, la nuit se trouva tout-à-fait close. Alors les amis, les parens s'appelèrent. Madame de Bretignolles, son mari, sa mère, firent long-temps résonner les échos du nom de Françoise; Françoise ne répondit pas. On revint sur la route; on remonta la colline; on parcourut le mamelon dans tous les sens, du sommet à la base; on ne découvrit rien.

Cependant la nuit devenait humide; le ciel était chargé de nuages épais, l'atmosphère pénétrée d'électricité, et

dans cet état de dilatation qui la fait
paraître molle et pesante. Après les
émotions qu'elle avait éprouvées, la fatigue qu'elle venait de prendre sans
ménagement, et sans que personne
songeât qu'elle mettait ses jours en péril, madame du Bard s'évanouit. De
grosses gouttes de pluie venant à tomber presque aussitôt, il fallut abandonner la recherche à laquelle on s'opiniâ-
trait si vainement. « Gagnons Saint-André, dit M. de Bretignolles. Françoise
savait qu'c'était là qu'nous allions. Tandis qu'nous nous tuons à l'appelé ici,
a y mille à parier contre un qu'elle est
déjà à nous y attend'. »

La marquise conçut l'espoir que cela
pouvait être en effet. Ayant repris le
bras de sa mère, qui commençait à revenir à elle, et se faisant aider par son

mari, elles entraîna l'un et l'autre à travers les torrens d'un orage affreux, et par des chemins devenus en un instant impraticables. — Monsieur! s'écriait-elle quelquefois en revenant à ses terreurs de mère, j'avais un cruel pressentiment que ce malheur m'arriverait.

— Eh ben, Madame, lui répondait son mari, en pestant contre les chemins que ses légers escarpins lui rendaient plus mauvais encore, vos précautions sont prises. Que diable! i faut d'la patience.

Ils arrivèrent à Saint-André, où nous savons qu'ils ne trouvèrent point Françoise.

Revenons à Rabillé.

Il était parti de Vieille-Vigne au

milieu de la nuit, vers le temps à peu
près où la malheureuse famille Guesdon arrivait à Saint-André. Il se trouva
au petit jour en vue du Bard. L'incendie
était dans sa plus grande intensité. La
pluie qui était tombée n'ayant pas assez
duré pour l'éteindre, n'avait fait que
lui prêter un degré de plus d'activité.
Rabillé en avait aperçu la lueur dès
l'Ébergement. Et de cette distance
voyant le ciel teint d'une forte couleur
pourpre et de grosses flammèches s'é-
lever par intervalles au-dessus de la
forêt, il avait imaginé ou que celle-ci
était en feu, ou qu'un nouveau miracle
s'opérait dans son enceinte. Il se signa,
récita en frémissant quelques prières à
haute voix, et continua d'avancer. Le
vent soufflait de sud-ouest. Aux Brousils le petit barbier fut presque suffo-
qué par l'odeur de la fumée. Grâce

au ciel, pensa-t-il, ce n'est que le feu. A mesure qu'il approcha il reconnut qu'il avait peu à se féliciter, et de bonne heure il se dit : « Sainte mère ! serait-ce au Bard ! » Il arriva haletant à la Coupechanière; mais, ainsi que Laurentine, il ne trouva âme qui vive près de qui s'informer des causes d'un si terrible événement. Le tocsin sonnait à Chauché, à la Rabatelière, à Chavagnes, dans toutes les paroisses environnantes. Il arriva beaucoup de monde, et notamment une forte colonne républicaine partie de Saint-Fulgens.

On ne put se rendre maître de l'incendie. Le vent qui venait de la forêt ne laissant rien à craindre de ce côté, on abandonna les flammes à elles-mêmes, et en peu de momens tout fut fini.

Rien ne saurait exprimer l'horreur et le désespoir dont le pauvre Rabillé fut saisi à ce cruel spectacle. Il ne pouvait se figurer que les Guesdon et tous leurs gens ne fussent pas au milieu des flammes. A travers le bruit horrible que produisait l'air en se décomposant, parmi le fracas des poutres qui se brisaient, des planchers qui s'abîmaient, il lui semblait entendre les cris de sa femme et de son pauvre petit enfant, et il suppliait tout le monde de l'aider à les secourir. Quand, après quelques heures, cette délicieuse habitation qui avait été si long-temps l'asile de l'aisance et du bonheur, fut devenue un triste monceau de charbons, il voulut encore y pénétrer pour s'assurer de sa perte; mais cela lui fut impossible. Autour de ces déplorables murailles il y en avait une que l'œil ne pouvait

apercevoir, mais qu'il n'était point permis à un homme de franchir : c'était
l'air incandescent qui environne toujours un grand foyer de chaleur. L'in-
fortuné Jean-Baptiste se jeta le visage
contre terre; il se roula dans la pous-
sière noire et cendreuse en poussant
de sourds et douloureux gémissemens;
puis enfin il se laissa emmener de ce
lieu de désolation. Depuis ce moment
il tomba dans une sorte d'affaissement
intellectuel qui n'était pas la folie, qui
n'était pas même l'imbécillité, mais qui
dénotait une grande absence des fa-
cultés d'où résultent les effets con-
traires.

Laurentine le rencontra le soir à
Chauché où elle était arrivée en cherchant des nouvelles de sa famille. Il se
présenta devant elle exténué de fatigue

et de faim; elle n'en pût tirer aucune
autre parole que celles-ci : « Françoise,
Laurent... morts, brûlés... morts! »
Elle comprit que la raison du malheureux était aliénée. Elle eut peur qu'il
ne la découvrît par quelque indiscrétion involontaire; elle eût bientôt occasion de se rassurer. A mille ques-
tions qui lui furent adressées par les
allans et venans, par les hôtes mêmes
de la chaumière où elle prit avec lui
un modeste repas, il ne répondit que
par un silence opiniâtre. Enfin, quelqu'un qui survint raconta qu'une
femme de Saint-André de-Goulled'oye
avait été trouvée tuée à peu de distance
du village entre deux enfans qui étaient
restés auprès d'elle. A la peinture que
fit le narrateur de cette femme et de
ces enfans, Laurentine ne put mécon-
naître Françoise. Le pauvre Rabillé se

contenta de murmurer en laissant tomber le morceau qu'il portait à sa bouche : « Morts, brûlés !... morts ! »

Déguisant le grand intérêt qu'elle prenait à cette histoire sous le faux air d'une curiosité sans but, et parlant avec son véritable accent le patois traînard du pays, Laurentine demanda ce qu'était devenue la femme trouvée morte, et surtout ce qu'on avait fait des deux enfans.

— Ma fé ! répondit le conteur, monsieur l'curé est env'nu prend' la femme pour la mett' dans terre, et pour quant à c' qu'est d'zenfans, nen dit qu' les bieux l'zont ramassés pour n'en faire ein civé ou eune marmiade. »

Il était inutile de chercher d'autres renseignemens à cette source. Laurentine paya son écot, et touchant du doigt l'épaule de Rabillé : « Viens, lui dit-elle, je veux aller à l'instant même à Saint-André-de-Goulled'oye. »

Il s'essuya la bouche avec le dos de sa main, enfonça profondément son chapeau sur sa tête, et obéit.

On compte à peine une lieue de Chauché à Saint - André. Les chemins étaient si mauvais et l'obscurité si profonde, que nos voyageurs n'y arrivèrent que bien avant dans la nuit. Tous les habitans paraissaient plongés dans le repos; on voyait de la lumière à une seule petite fenêtre. Laurentine, toujours suivie de Rabillé, s'y dirigea à travers des boues plus profondes et plus grasses que celles de la route. La fenêtre, quoique assez élevée, était au rez-de-chaussée. Laurentine montant sur quelques fûts d'arbres qui se trouvaient entassés au-dessous, frappa légèrement de ses ongles sur un carreau de vitre. La chandelle fit aussitôt un mouvement, et disparut; ce qui indiqua qu'on allait répondre à la porte. En effet, cette porte s'ouvrit un instant après, et livra passage à une lumière vive qui découpa sur le chambranle la tremblante silhouette d'une vieille femme aux traits secs et prononcés. C'était la servante du curé, et la maison où l'on s'adressait, le presbytère.

—Excusez, ma bonne dame, dit Laurentine en portant la main à son chapeau, nous sommes de malheureuses victimes des événemens de la guerre....

— Nous n'avons pas dé bien à vous faire, répondit la vieille avec un accent bordelais très-marqué. Et elle fit un pas en arrière, mettant la main sur le bord de la porte, pour la pousser à l'huisserie.

— Arrêtez, lui cria Laurentine, ce n'est pas la charité que nous vous demandons.

— Et qué démandez-vous donc à l'hure qu'il est?

— Nous désirons avoir des nouvelles d'une pauvre femme qui a, dit-on, été tuée près d'ici.

— Ah! uné femme qui sé sauvait du Bard avec son enfant et lé pétit dé madame la marquise dé Brignolles,.... dé Briquignolles?... d'une marquise enfin?

— Justement. Voici le mari de cette malheureuse femme.

— Oui, c'est moi, dit Rabillé en s'avançant vivement ; je suis son mari et le père du petit enfant. On lui avait fait la marque qui devait le sauver.... ça n'a servi de rien. La mère, l'enfant, tout est mort. Brûlés, brûlés! Ils ont dû bien souffrir.

— Jé né sais si vous mé parlez d'une autre histoire : cellé-ci n'a pas été brûlée ; elle a été frappée d'uné balle au beau milieu de la teste. Puis ellé n'avait pas pour un enfant : lés innocens iz étaient deux : Malhurusément on ignore cé qu'ils sont dévénus. Il y en a un qui n'est qué l'enfant dé la pauvré femme ; l'autre, commé jé vous lé disais, appartient à moussié lé marquis dé.... dé....

— C'est précisément ce que nous demandons. Quoi! vous êtes bien cer-

2. 6

taîne que ces pauvres enfans ont disparu?

— Aussi certaine qué jé vous lé dis.
Lé père et la mère , moussu lé marquis
et madamé la marquise , izont passé la
nuit dernière ici avec la maman dé la
dame.

— Et où sont-ils maintenant?

— Mainténant? qui lé sait! la pauvré juné dame a voulu courir après son
enfant: c'est bien naturel , uné mère.
Son mari et elle sont partis à la pointé
du jour.

— Et ma m... et la mère de la marquise?

— Ah! la bonne et excellenté dame!
Elle était mal portanté : dés chagrins,
son chateau brûlé, uné perté considérable. Puis uné junesse qu'ellé s'est

enfuie dé la maison malgré père et mère....

— Où est-elle ? où est-elle , je vous prie ?

— Qui? la juné démoiselle ?

— Non , non , sa mère.

— Son frère , moussu lé curé dé la Coupechanière, il est venu la prendre après la messe; et il l'a emménée à son presbytère.

— Les gens de la Coupechanière sont donc retournés chez eux ?

— Ceux qui étaient ici, du moins : jé né peux pas répondré des autres. Moussu lé curé dé St-André il est allé avec eux pour accompagner la damé du Bard , et c'est lui qué j'attends. Il est bien long à véni. Jé mé suis lévée

6.

dé bonné hure ; jé mé couchérai tard ; céla fatigue.

— Nous sommes bien fatigués nous-mêmes. Si vous vouliez nous permettre d'entrer chez vous, nous nous y reposerions en attendant monsieur le curé qui peut-être apportera des nouvelles des personnes qui nous intéressent.

— Vous avez l'air dé deux bons junés gens, soldats l'un et l'autre dé la sainte armée chrétienne ; mais, més enfans, jé suis sule à la maison, jé né puis vous ouvri qué la grange.

— La grange soit : nous ne demandons qu'à prendre un moment de repos.

La vieille servante leur ouvrit en effet ce modeste et rustique abri ; et mai-

gré les chagrins dont ils étaient dévo-
rés, ils ne tardèrent pas à y goûter les
douceurs du sommeil.

———————

VII.

Jacquot.

Dans le temps que ceci se passait, un pauvre meunier de la commune de l'Orberie près Fontenay, Jacques Blondeau, quittait sa maison et son village, pour s'acheminer secrètement vers la Châteigneraye. Il prit son bâton de voyage, et couvrant sa tête d'un feutre à larges bords :

— Adieu, dit-il à sa vieille compagne, adieu, femme. Je vais rejoindre notre fils. Il nous a quittés sans nous demander notre consentement, nos bons avis, ni même notre bénédiction; je veux voir s'il résistera à mes prières; s'il aura le courage de voir couler mes larmes, et de me laisser revenir seul vers vous.

— Allez, mon ami, répondit Marcelline (c'était le nom de cette bonne femme), vous faites en bon père. Moi, pendant votre absence, je prierai le ciel qu'il vous assiste et qu'il prête sa lumière au pauvre Jacquot : car soyez sûr qu'il nous aime, et que seulement il est égaré par de mauvais conseils.

Jacques jeta un regard sur le presbytère, dont il voyait la masse noire
et compacte à travers l'obscurité dia-
phane de la nuit ; et il s'éloigna sans
ajouter un mot.

Jacquot était un jeune paysan qui, fa-
natisé par son curé, séduit par l'exemple
d'un assez grand nombre de ses cama-
rades, avait suivi le bon prêtre dans le
Bocage. Il était parti depuis quinze jours
ou trois semaines, et ses vieux parens n'a-
vaient aucune nouvelle de lui. Cependant les insurgés de la grande armée,
au nombre de près de trente mille, et
sous le commandement de leurs plus
fameux généraux, les Lescure, les
Bonchamp, les Marigny, les d'Elbée,
les Cathelineau, Stofflet, Larochejaquelin, etc., avaient enlevé Thouars,
défendu par deux ou trois mille répu-

blicains peu aguerris, et commandés par Quétineau , ami du traître Dumouriez. Ce succès ayant enflé leur courage, ils s'étaient successivement emparés de Parthenay et de la Châteigneraye , où le vieux Jacques espérait trouver son fils.

Pour se rendre moins suspect, le vieillard avait traversé la Vendée , et remontait le cours de cette rivière en suivant la rive droite. Sur le pont de Vouvant, où il se trouva au petit jour, il rencontra deux hommes qui descendaient la rivière dans l'espèce de petit bateau qu'en langage du pays on appelle niole. Ces deux hommes étaient sans batelier dans ce léger esquif. Leur aspect le frappa. Il s'arrêta pour les voir. Le jour n'était pas encore assez grand pour qu'il les pût examiner selon

6..

sa fantaisie ; pourtant, quand ils vinrent à se croiser, il lui fut aisé de remarquer qu'ils portaient des armes ; que l'un d'eux, jeune et délicat, paraissait abattu et souffrant, et que l'autre, plus âgé, fortement coloré par le hâle, la lèvre couverte d'une épaisse moustache, affectait l'air farouche et menaçant d'un soldat. Après avoir levé les yeux vers lui, ce dernier les baissa aussitôt, et se couvrit la tête d'un large chapeau que le vieux Blondeau crut reconnaître à sa forme un peu particulière. Il se perdit en un dédale de conjectures dont le détail serait ici superflu, et il reprit sa route.

Les brigands sortaient de la Châteigneraye quand il arriva. Leurs prêtres marchaient à l'avant-garde, chantant le *Veni*, *Creator*, auquel toute

l'armée répondait. Jamais le vieillard
n'avait rien vu de plus imposant : il se
découvrit et s'agenouilla. On parut
approuver son action. A la fin de
l'hymne, que personne n'avait osé in-
terrompre, mille voix l'appelèrent, et
il fut obligé d'entrer dans les rangs. Il
y aurait eu un grand danger à refuser,
et, en obéissant, peut-être lui devenait-
il plus facile de s'approcher de son
fils.

Il marcha sans savoir où on le me-
nait. On allait attaquer Fontenay.

Cette ville était mal défendue ; il y
avait peu de troupes et mal organisées:
gardes nationales rassemblées à la hâte,
sans discipline et sans habitude des fa-
tigues de la guerre. Le général qui les
commandait se nommait Dayat. Il avait
sous ses ordres deux officiers de ces

gardes bourgeoises, dont l'un prenait le titre de *commandant de l'armée de Saint-Maixent*, et l'autre
celui de *commandant en chef de
toutes les forces républicaines*. Ce
dernier se nommait Bretonville. Or,
cette armée de Saint-Maixent et toutes
ces forces républicaines réunies n'of-
fraient pas un effectif de six mille
hommes.

La Convention, occupée de la lâche
trahison de Dumouriez, de l'invasion
du Roussillon par les Espagnols; ayant
à pourvoir au recrutement et à l'ap-
provisionnement de onze armées qu'elle
avait pour ainsi dire improvisées, ne
donnait qu'une attention très-secon-
daire à l'insurrection de l'Ouest. Voilà
pourquoi l'armée catholique rencon-
trait partout des succès si faciles.

On se forma en corps d'attaque :
La Marsonnière et Cathelineau com-
mandaient l'aile droite, d'Elbée le centre, et Lescure', secondé de Larochejaquelin, la gauche : c'était là que se
trouvait le vieillard, ayant pour toute
arme son bâton, et ne se sentant d'ailleurs aucune sympathie pour ceux qui
faisaient cette guerre. Toutefois, on
avança ; il suivit et se laissa entraîner
au mouvement commun. Lescure et
Larochejaquelin pénétrèrent de prime-
saut dans un des faubourgs de la
ville ; leurs gens poussaient déjà de
grands cris, et se croyaient vainqueurs.
Tout à coup on entend d'autres clameurs; elles ont lieu à l'aile droite et
au centre. Les royalistes sont repoussés
sur ces deux points, et les bleus en
font un horrible carnage. Il faut se re-
plier en toute hâte, et aller secourir

ceux qui sont si mal traités. On ne parvient même pas à ce triste résultat. Les paysans de cette division s'abandonnent à la terreur comme les autres; et tous fuient en désordre vers la Châteigneraye.

Jacques Blondeau n'avait pas accompli son dessein qui était de tirer son fils des rangs de ces forcenés; il suivit la déroute qui fut des plus complètes.

On ne s'arrêta pas à la Châteigneraye où les paysans avaient commis des excès dont ils pouvaient craindre la juste représaille; on fit halte plus loin, proche du village de la Tardière. Là, profitant de la liberté laissée à chacun, il se mêla aux insurgés, parcourut les différens groupes qu'ils formèrent, et après une longue et minutieuse recherche, il découvrit enfin son fils. Le

jeune homme était maigri, hâlé, et paraissait avoir souffert de grandes fati-
gues. N'étant pas aperçu de lui, avant
de lui parler, le pauvre père le contem-
pla d'un œil attendri. Enfin il en fut vu
et reconnu ; et tous deux se précipi-
tèrent en pleurant dans les bras l'un
de l'autre.

— Quelle désolation ! lui dit Jacques
à voix basse. Que fais-tu au milieu de
ces misérables, toi qui as une habitation paisible, et que leur querelle ne
regarde pas?

— Oh! ne faites pas entendre ici de
telles paroles. Toute querelle regarde
celui que Dieu a doué de jugement
pour aimer la justice et haïr l'iniquité :
il y a de cela dans toute querelle.

— Qui t'assure que ce soit en effet
la bonne cause que tu as embrassée?

Dieu ne nous a-t-il pas faits sujets à l'erreur, en nous douant de ce jugement dont tu es si fier? et cela doit nous être un constant avertissement de nous défier de nous-mêmes partout où il y a contestation; car alors il est à craindre que nos lumières ne nous égarent.

— Voyez ces seigneurs, ces vénérables ministres de la foi, qui marchent parmi nous, accablés, dénués comme nous le sommes. Ils ont des lumières supérieures aux miennes apparemment: puis-je craindre de m'égarer jamais en suivant leur exemple?

— Ils ont plus de vain savoir que toi et moi sans contredit; mais, crois-en ma vieille expérience, mon enfant, pour ce qui est de discerner entre le juste et l'injuste, ils possèdent aussi

peu de moyens que le dernier de ces
malheureux paysans qui les écoutent.
De plus, tu n'as aucun intérêt personnel à ce débat, toi, Jacquot; mais eux,
qui te donne l'assurance, qui la leur
donne à eux-mêmes, qu'ils n'ont pas
pris les armes par attachement aux avantages dont ils se voient privés, ou par dépit de les avoir perdus?

— Ne voulait-on pas m'emmener
aux frontières!

— Oui, pour te battre contre les ennemis de la France. Jacquot, aimes-tu
mieux te battre contre des Français?...

— Ces Français ont tué notre roi et
ils nous ôtent notre Dieu.

— Nous ôter notre Dieu! ce sont
des prêtres rebelles et sanguinaires qui
nous l'ôtent; car ils sont cause qu'il se
retire de nous. Mais il ne s'agit pas de

raisonner ici: avec des paroles il n'y a vérité qu'on ne vienne à bout de rendre fausse. Es-tu bon fils, ne l'es-tu pas? veux-tu revenir auprès de ta vieille mère à qui j'ai promis de te ramener, ou veux-tu qu'en retournant auprès d'elle je lui dise : Femme, vous croyiez avoir un enfant; vous n'en avez point. Je n'ai trouvé qu'un ingrat qui ne vous connaît plus, qui s'est détaché de vous et de moi pour se vouer tout entier à des intérêts qui ne sont ni les miens ni les vôtres.... Hélas! et ni les siens à lui-même! Ne pensons plus à lui et n'en parlons plus? Elle en mourra ta bonne vieille mère..... et moi je ne tarderai pas à la suivre. N'importe. Tu n'auras rien à regretter, tu n'auras pas de reproches à te faire. Tu te seras acquitté de ce que tu regardes comme ton premier devoir.... et c'est assez, sans doute, pour mettre ta conscience en repos.

En achevant ces mots, le vieillard détourna la tête, et son cœur oppressé fit couler de ses yeux des larmes qu'il s'efforça de dérober à Jacquot. Celui-ci s'en aperçut, et toute sa constance fut ébranlée.

— Eh bien ! murmura-t-il à travers des sanglots qu'il ne put réprimer lui-même, commandez : vous êtes mon père; je suis prêt à vous obéir.

— Viens; il y a près d'ici un chemin que je connais; il nous conduira à Mouilleron. J'y ai un ami qui nous recevra bien. Nous coucherons chez lui, et demain nous gagnerons la Roche-sur-Yon, d'où nous reviendrons à Fontenay par la grande route. Je suis connu pour patriote; nous ne serons inquiétés nulle part.

Le père et le fils s'éloignèrent donc sans affectation de l'armée catholique. Ils se hâtèrent de gagner un vallon entre deux petites collines au-delà desquelles était la traverse dont Jacques avait parlé. Le passage de ce vallon ne leur fut pas aussi facile qu'ils l'avaient imaginé. La grosse pluie qui était tombée la veille y avait laissé des flaques d'eau et un sol détrempé qui firent un moment hésiter nos gens. Ils découvrirent cependant un passage. Mais au moment où ils s'y engageaient, ils entendirent un cavalier accourir derrière eux de toute la vitesse de son cheval. C'était le prince de Talmont, jeune homme hautain, impétueux, et très-sévère sur la discipline.

— Holà! hé! leur cria-t-il à quelques pas de distance. Que faites-vous là? Où allez-vous? Déserteriez-vous, misérables? Si vous faites un pas de plus, j'arrête à l'instant votre projet, en vous cassant la tête à l'un et à l'autre.

En achevant cette courte harangue, il mit en effet la main à l'arçon de sa selle, et en sortit un pistolet, qui parut au pauvre meunier plus long qu'une canardière. Force fut de rétrograder.

Quelques cavaliers avaient suivi le jeune prince; parmi eux était M. de Marigny.

— Il faut faire un exemple, s'écria-t-il, et mettre un peu de plomb dans la tête à ces drôles qui abandonnent leurs amis au moment du péril.

— Mes bons messieurs, se hâta de

répondre le vieillard, si vous voulez user de rigueur, que ce soit envers moi seul. Ce jeune homme est mon fils; c'est moi qui l'emmenais; il ne faisait qu'obéir à la volonté de son père.

— Non, non, je le suivais de mon plein gré, s'écria Jacquot. J'allais voir ma mère, que j'ai quittée pour venir combattre volontairement avec vous. Je me suis toujours conduit en brave dans vos rangs : j'étais à Bressuire, à Thouars, à Parthenay. Donnez-m'en aujourd'hui la récompense en laissant partir mon père, et en n'exerçant votre rigueur que sur moi.

— Quelqu'un les connaît-il? demanda le prince en se tournant vers les personnes qui étaient accourues à sa suite.

— Leurs aveux et le délit flagrant les

accusent assez, observa M. de Marigny.
Exécutés, morbleu! exécutés sans autre forme de procès! Nous ne sommes
ici ni sous la police des villes, ni même
sous celle des armées régulières. Holà!
quatre hommes ici : et vous, misérables, recommandez-vous à Dieu!

Le père et le fils se jetèrent dans les
bras l'un de l'autre : le dernier, poussant des cris lamentables, et s'accusant
de la mort de son père; le vieillard
donnant à son enfant les marques d'une
tendresse non moins vive, mais avec
plus de fermeté.

Cependant quatre fusiliers s'étaient
avancés et mis en ligne. Les deux malheureux patiens, cherchant en vain un
regard de compassion dans les yeux des
témoins de cette terrible scène, s'age-
nouillèrent, se faisant de nécessité

vertu, et subissant du moins leur sort avec courage,

Le vieillard, jetant un coup-d'œil d'indigation sur Marigny : —Monsieur, lui dit-il, c'est vous qui êtes cause de cela. Je vous pardonne, et je prie Dieu que vous ne deveniez pas vous-même, quelque jour, victime d'une aussi froide et aussi atroce barbarie.

Ces paroles prophétiques ne furent pas reçues comme telles par le gentil-homme. Il sourit dédaigneusement : — Allons, dit-il à ses fusiliers, faites votre devoir.

Ils s'apprêtaient à obéir, quand on vit un nouveau cavalier se détacher de la route, et accourir à toute bride. Plusieurs autres imitèrent successive-ment son exemple. C'était Catheli-neau.

Il venait, depuis peu de jours, d'être nommé généralissime. Les gentilshommes de haute volée, sourdement divisés par les prétentions de chacun d'eux à ce grade éminent, y avaient élevé le pauvre voiturier, tout confus d'un tel honneur. Ce fut de leur part un coup d'habile politique. Le conflit cessait entre eux, sans que leur influence en fût diminuée ; et cette déférence pour l'idole des paysans, était un des liens les plus forts pour les attacher à la cause sacerdoto-nobiliaire.

Le respect qu'on était obligé de lui témoigner en public empêcha de donner suite à l'exécution commencée, jusqu'à ce qu'il fût sur le lieu.

— Que faites-vous donc ici ? demanda-t-il en arrivant, et sans s'adresser directement à personne.

2.

Nul ne se crut dans l'obligation de répondre. Il vit bientôt de quoi il s'agissait.

— Monseigneur aura-t-il la bonté de me dire de quoi ces deux hommes sont coupables? demanda-t-il au prince de Talmont.

— Ma foi! général, répondit celui-ci d'un ton légèrement sardonique, et tel qu'il se le permettait toujours, comme dédommagement sans doute, en donnant un titre d'honneur à un roturier, on les traite peut-être un peu rigoureusement; mais le fait est que les deux maroufles désertaient. Je les ai arrêtés sondant le passage, et cherchant à gagner la hauteur.

— Déserter! s'écria Cathelineau, en jetant un regard sévère sur les deux délinquans. Ça demande sûrement une punition exemplaire. Mais qui les a jugés? Qui les a condamnés? Où est le conseil devant lequel ils ont été entendus?

— Ah, conseil! répliqua Marigny; comment veut-on qu'un conseil se rassemble en de si urgentes circonstances?

— Ils n'ont pas même un prêtre pour les assister!

— C'est vrai, dit le marquis de Lescure, qui s'était avancé aussi.

— Messieurs, reprit Cathelineau, nous n'avons pas ainsi, de notre pleine autorité, droit de vie et de mort sur nos soldats.

— Si nous y regardons de si près, jamais il n'y aura de discipline dans cette armée. La voilà hors de ses foyers : il

7.

faut pourtant la soumettre à l'obéissance et à la règle.

— Eh bien! établissons-en une, dit
Lescure.

— Oui, ajouta Cathelineau, et don-
nons les premiers l'exemple de la res-
pecter; mais ne décidons jamais à notre
caprice de la vie des hommes.

— A la bonne heure! s'écria le prince
de Talmont, en partant d'un grand
éclat de rire. Puis, se tournant vers
Marigny : Il a raison, dit-il; tuons des
bleus; faisons des hécatombes de ces
coquins toutes les fois que nous en
trouverons l'occasion. Mais les nô-
tres.... par la corbleu! ce sont les nô-
tres. Cela dit tout, et doit les racheter
de tout.

Après ce peu de mots, il tourna

bride, piqua des deux, et regagna la route du même train qu'il était venu. Cathelineau donna ordre aux soldats qui avaient dû fusiller Jacques Blondeau et son fils de les faire rentrer dans les rangs. « Je les recommanderai à leurs chefs, dit-il, et s'ils renouvellent leur tentative, ils s'en repentiront. »

Un grand mouvement se fit dans le même instant vers le point où stationnait la division à laquelle appartenait Jacquot. Des éclaireurs venaient annoncer qu'une colonne républicaine qui paraissait égarée, était retranchée dans les bois de Saint-Hilaire. Le petit chevalier de Mondyon demanda la permission de l'aller attaquer ; on lui adjoignit le jeune Forestier, fils d'un cordonnier de Chaudron, jeune officier plein de courage et de talent. Les deux jeunes gens partirent aussitôt emmenant avec eux leurs gens, dont les volontaires de l'Orberie faisaient partie; Jacques suivit son fils.

VIII.

L'Enfant trouvé.

— Est-i genti, est-i aimab'! Pauv'
lapin! va! Ça f'ra un fier soldat, c'lui-
là, si Dieu lui fait la grâce d'arriver
jusqu'à l'âge où un homme peut chaus-
ser la giberne et l'briquet! Voyez, la

pluie tombe comme si on la donnait
pour rien, comme le jour de la grande
fédération. Tu t'en souviens, caporal
Lorimier. Eh ben! le p'tit luron s'en
fiche comme d'eune guine : pas eune
larme; au contraire, i n'a fait qu'rire
tout l' long du ch'min. Et i vous a
lampé sa goutte militaire comme un
p'tit homme, oui. Ah! j'l'adopte,
j'l'adopte, parole d'honneur! aussi vrai
qu'i n'y a qu'un êtc suprème par dé-
partement. Je n' peux pas avoir d'enfant : j'ai fait tout c' qu'i fallait pour
ça c'pendant; j' n'ai pas le plus p'etit
r'proche à m' faire... Je n' peux pas :
personne, vot' servante. Eh ben, en
v'là un tout fait. J' suis majeure, libre
de moi-même; i s'ra à moi, il est à
moi; c'est mon enfant, c'est mon tré-
sor. J'en aurais un de mon cru que
p'tête i n',me conviendrait pas si bien.

Baise-moi, Fanfan, ris-moi; fais dà à
ta mère, à la petite maman Javotte, là,
comme ça, à deux mains trois cœurs.
Oh! chiffon! amour, va! Ta pauvre
mère qui t'a perdu doit pleurer les
deux yeux d'sa tête.

Ainsi parlait une jeune vivandière à
un petit enfant qu'elle avait trouvé
abandonné sur le chemin de Chauché
à Chantonnay, et qu'elle avait secouru
par un sentiment de compassion naturelle. Elle n'avait d'abord songé qu'à
satisfaire aux premiers besoins de l'innocent, se proposant de le déposer au
premier village. Mais la douceur, l'a-
mabilité du pauvre petit l'avait telle-
ment séduite, qu'elle formait, comme
on voit, le dessein de ne s'en pas sé-
parer. La pluie était tombée par torrens toute la journée, et malgré les

soins qu'elle s'était donnés pour ga-
rantir l'enfant, quand elle arriva à
Chantonnay, il était pénétré d'humi-
dité et de froid. Elle se hâta de le chan-
ger, c'est-à-dire de l'envelopper dans
du linge à elle, qu'elle eut soin de faire
chauffer, et par-dessus, en attendant
que les vêtemens de l'orphelin fussent
séchés, elle lui mit un lambeau de
serge tricolore destiné à faire un drapeau au détachement qu'elle suivait.

Ceci se passait le jour où les Vendéens attaquèrent Thouars.

Il n'y avait pas deux heures que le
détachement était arrivé; la vivandière
et l'enfant dormaient sur de la paille
fraîche l'un à côté de l'autre: la géné-
rale retentit dans les murs du bourg.

—Qu'est-ce que ça? demanda Javotte en se mettant sur son séant.

Chien d' pays! chienne de guerre, où i n'y a jamais un quart-d'heure de bon repos!

— Eh , Javotte! lui cria par le trou de la serrure un jeune parisien qui s'intéressait à elle (car ce détachement faisait partie d'un bataillon formé à Paris). Allons, mon enfant, i faut nous mett'e en route. Une ordonnance nous arrive. Les brigands ont pris Thouars. On nous demande pour renforcer l' poste de la Châteigneraye.

— Que le diable leur flanque donc des châtaignes! dit-elle en s'habillant à la hâte, et si dur' à digérer qu'i zen crèvent tous comme des chiens!

On partit, on marcha toute la nuit par des chemins épouvantables. Javotte mit l'enfant sur une des char-rettes que l'on requit pour transporter les bagages ; et elle marcha auprès, veillant sur lui avec une grande sollicitude.

Quand on arriva devant la Châteigneraye, il était trop tard ; l'armée catholique venait d'y entrer. Le détachement qui était harassé, peu nombreux, ne chercha point à faire de bravades : il se dirigea à petit bruit sur Fontenay. Mais il lui fallut bientôt renoncer à l'espoir d'y arriver : l'ennemi y poussait déjà des reconnaissances contre lesquelles il eût été de la dernière imprudence de vouloir se mesurer. On se retira dans un bois situé entre Bazoges et Saint-Morice-le-Girard, d'où, après quelques momens de repos, on passa dans celui de Saint-Hilaire couvert par l'Arcançon.

C'est ce détachement qu'après la dé-

faite de Fontenay, Forestier et le petit
chevalier de Mondyon vinrent attaquer : il passèrent l'Arcançon à Paredz.
Les républicains qui avaient des senti-
nelles avancées sur la lisière du bois, en
furent instruits aussitôt. Ils voulurent
faire retraite sur Saint-Philbert; mais
ils ne purent y arriver assez tôt : il fallut accepter le combat entre le bois et
le village.

Nous savons que Jacquot et son
père y étaient. Le vieillard, malgré sa
conviction, combattit auprès de son
fils comme un vrai soldat du Sacré-
Cœur. Il fallait se racheter du crime
qui, peu d'heures auparavant, avait
failli être si sévèrement réprimé. La
victoire ne parut pas un moment dou-
teuse : les républicains furent défaits
et mis en fuite en un instant. Il en périt

peu; mais presque tous laissèrent leurs armes sur le champ de bataille.

Les paysans se jetèrent sur le bagage. Les provisions, l'eau-de-vie de la pauvre vivandière furent en un instant consommées. Quand, après ces copieuses libations, on arriva à la charrette où était l'enfant, on le trouva endormi, insoucieux, comme on dit aujourd'hui, de ces débats si graves et si cruellement décidés. Le bruit, le mouvement, l'éveillèrent cependant. Il était remarquablement beau. Il ouvrit de grands yeux bleus, et sourit avec tout l'attrait, toute la grâce de son âge innocent et candide. On n'en parut point touché; on fit même sur le maillot tricolore dont il était enveloppé, des remarques qui parurent alarmantes à Jacques Blondeau.

— Allons, allons, dit-il en prenant l'enfant entre ses bras, ce n'est pas là un patriote, un républicain, un ennemi des prêtres et des nobles ; c'est une innocente créature de Dieu, qu'il veut qu'on aime et qu'on protége. Brûlez ce chiffon d'étoffe ; moi, je vais voir si le pauvre petit n'a pas besoin de quelque chose.

Les paysans regardèrent Jacques d'un air stupide. Ils mirent en effet le feu au drapeau, en dansant autour comme des Sauvages ; puis, après avoir achevé de piller les charrettes, ils revinrent à la Tardière, où ils furent reçus avec de grandes acclamations. On se mit aussitôt en marche. Jacques suivit sans difficulté et sans aucune idée de fuite : la scène du matin lui était trop présente. On arriva à la Pom-

meraye, où l'on passa une heure. Le
vieillard quêta de porte en porte un
asile pour la faible et douce créature
dont il s'était fait le protecteur. Tous
les cœurs furent insensibles. Chacun,
dans la désolation qui était venue fon-
dre si soudainement sur ce malheureux
pays, se sentait embarrassé de soi-
même, et assez empêché de ses intérêts personnels. Le signal fut donné;
il fallut se remettre en route. On marchait sur Châtillon. Blondeau, espérant
y trouver des âmes plus accessibles à la
compassion, arrangea de la paille sur
un caisson, que, faute de chevaux,
il lui fallut aider à traîner, et il y dé-
posa son intéressant fardeau. L'enfant
ne tarda pas à s'endormir, et à présenter de nouveau le contraste de sa
paisible insouciance, parmi les objets

d'épouvante et d'horreur dont il était environné.

Il y eut une grande cérémonie vendéenne à Châtillon ; voici à quel propos :

Lors de la prise de Thouars, un jeune et beau volontaire républicain fut trouvé caché dans un four. Les vainqueurs allaient lui faire un mauvais parti, suivant leur coutume, quand, fort heureusement pour lui, il reconnut le curé de Saint-Laurent-sur-Sèvres. Il demanda à lui parler. Après quelques momens d'entretien, cet ecclésiastique en fit appeler deux autres en toute hâte · l'un le bénédictin Pierre Jagault; l'autre, le curé de Saint-Land d'Angers , nommé Bernier. Ces messieurs restèrent long-temps avec le jeune volontaire. Ils mandèrent enfin à leur con-

férence les principaux officiers de l'armée; et le bruit se répandit bientôt
qu'on venait de découvrir un personnage de la plus haute importance. Pendant qu'on marchait sur Fontenay, le
jeune homme et les trois ecclésiasti-
ques se dirigèrent vers l'intérieur du
pays. Ils s'arrêtèrent à Châtillon. L'armée les y retrouva, et le mystère fut
connu : le jeune homme était prêtre;
il se nommait l'abbé Guyot de Folle-
ville, et avait été mis de force dans un
bataillon républicain à Poitiers (1).
Mais ce n'est pas tout, « il était évêque,
évêque d'Agra; il avait été sacré en

---

(1) Ceci est exactement vrai, et fait voir
comment se recrutait, dans les commence-
mens, l'armée destinée à étouffer cette re-
bellion.

secret à Saint-Germain par des évê-
ques insermentés. Le pape ayant
nommé tout récemment quatre vicaires
apostoliques pour la France, il était
un des quatre, et chargé spécialement
des diocèses de l'Ouest». Voilà ce qu'il
dit, voilà ce que tous les chefs dirent
officieusement de lui : c'était une im-
posture. Ils prétendirent, par la suite,
en avoir été dupes les premiers. Voici
même ce que l'épouse de l'un d'eux
écrivit, long-temps après, à ce sujet :
« On a supposé, dit-elle, que les gé-
» néraux étaient complices de cette su-
» percherie, et qu'elle avait été in-
» ventée par eux, pour avoir plus d'in-
» fluence sur les paysans. Aucun des
» chefs de la Vendée n'était capable
» de se jouer ainsi de la religion.... On
» crut, ajoute-t-elle, sans beaucoup de
» réflexion, un récit qui était vraisem-

» blable, et *qui, une fois admis, de-*
» *vint fort utile* à la cause. » Elle dit
en même temps « qu'il avait une belle
» figure, un air de douceur et de com-
» ponction, des manières distinguées ;
» *que les généraux virent avec grand*
» *plaisir* un ecclésiastique d'un rang
» élevé *et d'une belle représentation,*
» venir contribuer au succès de leur
» cause par des moyens qui pouvaient
» *avoir beaucoup d'effet.* »

Quoi qu'il en soit, que la fourbe
vint du beau jeune homme, ou du bénédictin Jagault, ou du curé Bernier,
l'homme le plus immoral de son époque, l'évêque d'Agra officia pontifica-
lement à Châtillon. Il passa l'armée en
revue, et lui donna sa bénédiction apos-
tolique avec absolution et indulgences;
et cela *eut un si grand effet,* que les

généraux, profitant de l'exaltation des
paysans, les firent retourner sur leurs
pas, et aller de nouveau attaquer Fontenay. Ils commirent une faute énorme :
on a prouvé que c'était sur Saumur
qu'il devait se porter après la prise de
Thouars. Ces Vendéens étaient braves
sans contredit ; mais ils n'étaient que
cela : il n'y avait pas parmi eux une
seule tête capable de concevoir un
plan de campagne tant soit peu rai-
sonné. Ils faisaient une guerre de colère et de dépit, sans autre but que de
nuire; et c'est ce qui les rend inexcu-
sables.

Après avoir donné à son pupille les
soins les plus pressés, et l'avoir surtout
bien fait boire et manger, le bon Jacques, avant que la cérémonie com-
mençât, se remit en quête pour lui

trouver un refuge. On se récria partout sur la beauté, sur l'angélique douceur du petit malheureux ; mais quant à le recevoir, tout le monde fit comme à la Pommeraye. Cette inhumanité, jointe à l'effet des grâces et de l'heureux naturel du pauvre orphelin, opiniâtra, si l'on ose ainsi parler, la compassion de Jacques Blondeau. Il rapporta l'enfant à son caisson, fort embarrassé de lui, sans doute, mais décidé à ne le point abandonner sans avoir du moins renouvelé ses tentatives après la revue épiscopale, et épuisé ce qu'il pouvait y avoir de persuasion dans ses paroles et d'éloquence dans le muet langage de l'innocent.

Après la messe, à laquelle l'armée n'assista que mentalement, les seuls officiers ayant pu, avec l'élite des habitans, être admis dans l'étroite basilique, monseigneur parut, précédé du clergé de la ville et de tous les clercs de l'armée, dont le nombre était considérable. Sa grandeur marchait sous un dais magnifique, surmonté de riches panaches blancs et semé de fleurs de lis relevées en bosse. Les quatre principaux chefs de l'armée, d'Elbée, Bonchamp; Cathelineau, surnommé le Saint d'Anjou, et Lescure, surnommé le Saint du Poitou, tenaient les cordons de ce dais. Le bruit des cloches, les décharges du canon et de la mousqueterie, le chant des prêtres, auquel se mêlait celui d'une multitude armée et vêtue sans uniformité, marquaient cette pompe d'un caractère étrange, mais toutefois imposant. Jacques en fut pénétré d'un sentiment qui tenait de l'admiration et de l'horreur.

Le signal du départ fut immédiate-
ment donné; il ne put exécuter son
dessein. Il se trouva plus embarrassé
de l'enfant qu'il ne l'avait encore été.
C'était un bon homme que ce vieillard ;
et dans le peu qui en a été rapporté on
a pu le reconnaître. Mais le cœur humain est bizarre, changeant, sujet à de
brusques révolutions. Le germe d'une
intention louable y vient rarement à
bien, sans avoir, au moins une fois,
failli avorter par irrésolution ou défaut
de constance. Jacques commença à regretter de s'être si aisément laissé surprendre à la pitié. Cependant, comme
c'est une vertu que la pitié, et qu'on
répugnerait à s'avouer à soi-même un
regret à pareil propos, il donna à cette
vertu le nom d'un vice: il l'appela fai-
blesse. Par ce moyen, il se trouva tout
à coup fondé à s'adresser de gros re-

proches : il ne se les épargna pas ; et
cela le soulagea d'autant. De cette colère, il passa à une sorte de dépit mêlé
d'indifférence brutale. Il garda l'enfant ; mais ce qu'il pourrait devenir
commença à l'inquiéter beaucoup
moins.

Il fallut livrer un nouveau combat à
la Châteigneraye où les républicains
avaient repris position. Jacques eut son
poste assigné ; il ne put, comme la veille,
combattre auprès de son fils. Cela l'in-
quiéta beaucoup. Il vit passer la division où servait le jeune homme : elle
allait prendre place au corps de bataille qui n'était pas destiné à commen-
cer l'attaque. Il s'approcha de lui pour
lui parler... pour lui dire adieu, et lui
donner sa bénédiction. Il reconnut le

2.   8

même personnage qui avait si fort attiré son attention, il y avait quelques jours, au pont de Vouvant : c'était le curé de l'Orberie.

— Comment ! s'écria-t-il par une indiscrétion involontaire, comment, c'est vous, monsieur le curé, sous cet habit, et chargé de cet attirail de soldat !

Sans répondre directement au vieillard :

— J'étais étonné, lui dit-il, qu'un brave homme, comme je t'ai toujours connu, s'attachât si obstinément à un parti qui ne doit exciter que la haine et l'horreur. La République ! est-ce qu'elle est praticable parmi des gens qui n'ont ni religion ni bonne foi, et qui sont perdus de corruption et de mollesse ? Tous les intrigans qui voudront parvenir vous promettront la liberté, l'al-

légement des charges publiques, la
participation de tous aux droits et aux
avantages sociaux ; puis, quand vous les
aurez sottement éllevés et consolidés au
pouvoir, ils se moqueront de vous,
vous repousseront de partout, vous fe-
ront payer leurs déprédations et leurs
voleries, et vous frapperont du glaive
si vous osez remuer. Nous, au contraire.....

Le curé ne put achever; le cri *En
avant !* se fit entendre, et il fallut s'en
tenir à la première partie de son discours. Chacun courut à son poste; le
père et le fils eurent à peine le temps
de se serrer la main.

L'affaire fut chaude : il y eut plus de
résistance du côté des bleus qu'on ne
l'avait attendu. Ils furent cependant
obligés d'évacuer le bourg et de se re-

plier sur Fontenai. Dès que le combat eut cessé, Jacques se hâta de courir au lieu où il supposa que son fils avait dû combattre. Il rencontra le curé, et lui en demanda des nouvelles. Celui-ci lui répondit d'un air confus et embarrassé qui le remplit d'un pressentiment sinistre.

« Est-il blessé?.... Est-il mort, monsieur le curé? Ne me cachez rien, je vous en conjure.

— Je l'ignore... Mais, mon pauvre Jacques... quoi qu'il en puisse être, modère ton émotion; garde-toi surtout de murmurer. Il ne nous arrive rien, mon cher enfant, que par l'ordre ou le consentement de la sainte Providence : et elle sait mieux que nous ce qui nous est utile.

Ces paroles arrangées, loin de raffer-

mir le cœur du vieilllard, ne firent qu'a-
jouter à sa terreur. Il se mit à parcou-
rir la plaine, jetant autour de lui des
regards troublés, où se peignaient à la
fois sa douloureuse appréhension et ce
dernier rayon d'espérance qui vit dans le
cœur du malheureux jusqu'au moment
où il ne lui est plus possible de douter
de son infortune. De quelles angoisses
ne fut-il pas saisi en parcourant ce
champ de carnage et de désolation !
Ces blessés auxquels d'insuffisans secours étaient donnés d'une main avare
et négligente, ces mourans dont l'ago-
nie était si cruelle et si délaissée, ces
morts sur lesquels il ne tombait pas
une larme d'amitié, formaient pour
lui un spectacle déchirant. Il sympa-
thisait de toute la sensibilité de son
âme avec dès misères si cruelles ; mais

il ne s'arrêtait à aucune; il cherchait
un objet peut-être plus triste encore.

En poursuivant sa pénible carrière,
il se trouva près d'une petite élévation,
espèce d'ouvrage avancé, construit à la
hâte pour la défense du bourg. Elle
était couverte de combattans, amis,
ennemis, que la mort avait également
et indifféremment moissonnés. Au milieu de tous, le vieillard en distingua
un... Les forces lui manquèrent, sa
vue se brouilla. Vêtemens, taille, armes, il crut tout reconnaître.

— Mon Dieu, mon Dieu! ayez pitié
de moi!

Toutefois, un doute se glissa encore
dans son cœur.

— Peut-être... n'est-ce pas lui.

Mais à mesure qu'il avançait l'iden-

dité devenait plus désolante et plus
complète ; la figure même était recon-
naissable.

— Il n'est peut-être qu'évanoui...
car pourquoi mort !

Pauvre père, pourquoi !

Il approcha enfin et ne douta plus
de son malheur, quand, après avoir
essayé de ranimer le jeune homme par
ses embrassemens, après l'avoir inon-
dé de ses larmes et cent fois appelé
par son nom, le jeune homme ne répondit point.

— Ah! oui, oui, mort! s'écria-t-il.
Et il tomba sur la terre à côté du ca-
davre.

IX

Un pas rétrograde.

Nous avons laissé Laurentine avec
le pauvre Rabillé dans la grange du
curé de Saint-André de Goulle-d'Oye.
Ils en partirent aux premiers rayons
de l'aurore pour se rendre à la Coupe-

chanière. Madame du Bard y était. La jeune fille voulait avoir de ses nouvelles, ainsi que des autres personnes de sa malheureuse famille. Elle se livra en route à d'amères réflexions que son compagnon de voyage n'interrompit point. La première personne qu'elle rencontra en arrivant dans le village, fut sa femme-de-chambre. Elle se découvrit à elle, et la pria de lui prêter des habits pour se présenter devant sa mère.

— Sainte-Vierge! s'écria celle-ci, vous, Mademoiselle, vous sous cet accoutrement! Eh! d'où venez-vous?

— Ce n'est là ni ce qui importe, ni ce dont il s'agit, ma chère Marie. Vous m'avez entendue; procurez-moi, je vous prie, un vêtement sous lequel je puisse paraître.

8..

-- Je n'en ai que de bien mesquins
et bien peu dignes de vous, ma bonne
maîtresse. Le plus beau et le meilleur
de ce que je possédais a été brûlé. Mais
je ne m'en plains pas ; vous avez perdu
plus que moi : tout ce qui me reste est
à votre service. Ah! Mademoiselle, il
faut que ce M. de Charette soit bien
impitoyable d'en avoir agi de la sorte!
car que lui en est-il revenu?

—Il est donc vrai qu'il est l'auteur
de ce désastre! qu'il n'a pas respecté
l'asyle de mon père!

—Ah, mon Dieu! lui seul : je lui ai
entendu donner l'ordre de mettre le
feu partout. Il n'a pas seulement voulu
nous donner cinq minutes pour em-
porter nos effets.

—Oh! il y a une justice : cela ne res-
tera pas impuni.

— Il a dit que c'était le malheur de la guerre, la loi de la guerre. Et qui voulez-vous qui le punisse? Tout le monde le vante : on crie partout que c'est un grand homme, un grand capitaine. Le fait est qu'il bat ces monstres de républicains de tous les côtés. On dit qu'il est rentré dans Machecoul.

Laurentine pria Rabillé de l'attendre, et elle suivit Marie qui la conduisit à sa chambre, où elle l'aida à se vêtir plus convenablement. En faisant sa toilette, la jeune fille demanda dans quel état se trouvait sa mère.

— Elle ne se plaint pas, répondit la femme-de-chambre; elle ne parle que de vous et de monsieur votre père. Je ne sais si Mademoiselle est instruite de ce qui est arrivé au bon M. du Bard?

— Oui, il a été arrêté et conduit à

Legé : je n'en ai qu'une assurance trop positive.

— Madame n'en sait rien : ne le lui dites pas.

— Quoi ! elle ignore la cause de l'absence de mon père?

— Elle le croit parti pour découvrir votre retraite et vous ramener. Si elle le savait arrêté, prisonnier de ce comité qui ne fait grâce à personne, pauvre dame! il y aurait de quoi la tuer, après tous les autres malheurs qui lui sont arrivés en même temps. Madame votre sœur et son mari sont errans aussi: leur cher petit Alphonse a été enlevé à la pauvre Françoise, qui elle-même a été tuée d'un coup de fusil. Nous vivons dans un terrible temps, Mademoiselle.

— Et ma sœur ne soupçonne pas où peut être son enfant?

— On dit qu'il a été enlevé par des soldats républicains, ceux qui ont tué Françoise sans doute. Un homme d'ici, qui revenait de Sainte-Cécile, les a rencontrés en chemin. Il tombait beaucoup d'eau; l'enfant était entre les bras d'une espèce de femme de régiment qui le portait dans sa mante, et qui lui faisait boire de l'eau-de-vie. Pauvre innocente créature! le fils d'un marquis! que va-t-il devenir en pareilles mains?

— On est à la poursuite de cette femme?

— Oui: M. de Bretignolles et madame la marquise sont partis aussitôt pour la rejoindre. — Mais vous voilà prête, Mademoiselle. Si vous voulez, je vais aller vous annoncer à madame votre mère, pour lui éviter la première surprise.

— Oui, allez, et mettez-y, je vous prie, bien du ménagement.

Marie sortit et s'acquitta de sa commission avec intelligence. Pendant l'entrevue de Laurentine et de sa mère, entrevue qu'on peut se figurer fort attendrissante, et qui le fut en effet, nous allons suivre un instant monsieur et madame de Bretignolles dans leur intéressante recherche.

Ils étaient à cheval, et un domestique les accompagnait. Ils suivirent aisément les traces de la vivandière Javotte jusqu'à Sainte-Cécile; mais là, ils ne purent apprendre si le détachement qu'elle suivait avait pris la route

de Saint-Martin-des-Noyers, ou celle
de Saint-Vincent-d'Estenange. Aban-
donnés à leurs conjectures, il leur arriva ce qui ne manque presque jamais
d'arriver en pareil cas : à force d'examiner, de peser le pour et le contre
entre les deux partis qu'ils avaient à
prendre, ils se déterminèrent pour le
plus mauvais. Les chemins étaient
moins tenables encore de ce côté que
du côté de Chantonnay. Ils poussèrent
cependant leurs montures, ayant reçu
aux Cerisiers quelques vagues renseignemens sur un corps républicain qui
gagnait à marches forcées la Roche-sur-
Yon. On n'avait pas expliqué que cette
colonne arrivait non de Sainte-Cécile,
mais des Herbiers : ce qui eût fait
comprendre tout d'abord qu'elle ne
pouvait avoir ramassé un enfant à

·Saint-André·de·Goulle·d'Oye,·éloigné sur la droite de·sept·ou·huit·lieues.·

Ils ne purent l'atteindre qu'à 'La Chaise-le-Vicomte. Mais quand ils ar-rivèrent, il était·nuit; la troupe repo-sait dans ses logemens; il fallait re-mettre au lendemain à vérifier les choses. Le bon M. de Bretignolles qui avait trouvé un assez bon gîte, s'y ré-signait fort patiemment. — Eh ben donc, qu'on nous donne un lit, dit-il, et qu'on y mette dés draps ben blan, et surtout ben secs. Lapierre, ajouta-t-il, en s'adressant à son valet-de-chambre, vous n'vous couch'rez pas; vous guett'rez l'moment du départ, et nous éveillerez.

— Monsieur, s'écria la·marquise, vous vous mettrez au·lit; si bon vous semble; mais, pour moi, certainement je ne me coucherai pas que je n'aie au moins appris quelque chose ; s'il m'est permis de former quelque espérance; ou si je dois me regarder comme la plus malheureuse mère qui soit au monde.

— Mais puisqu'on vous dit qu'vous n'pouvez rien apprend'e, ma chère amie! Que diab'e! faut pourtant d'la raison.

— Je ne me pique pas d'en avoir, Monsieur, quand il s'agit de mon enfant, de ce qu'une mère a de plus précieux.

— Vous allez don aller d'log'men en log'men d'mandé à cés soldats...? I vous y r'cevront joliment!

— Ce n'est pas aux soldats que je prétends m'adresser sans doute; c'est aux habitans du lieu, c'est aux mères.

Je leur dépeindrai mon cher petit ; elles comprendront ma douleur, me diront si elles l'ont vu.

— Faites, j'n'ai pas d'objections. D'mandez qu'on vous prête une lanterne ; Lapierre vous accompagn'ra. Pendant c'temps là, moi, j'vais c'mander vot' soupé. Mais vous voyez qu'ici on n'peut rien vous dire : il est ben douteux qu'ailleurs vous seyez pus heureuse. Au reste, allez ; j'n'entends pas vous gêner.

La pauvre mère partit en effet, et commença le cours de ses informations. Elle courut presque de maison en maison, renvoyée d'une commère à une autre, et de celle-ci à une troisième. Enfin, il se trouva dans une de ces maisons un gendarme. Aux premiers mots que prononça madame de Bretignolles :

— Je crois, dit-il, pouvoir fournir quelques renseignemens à la citoyenne. J'ai vu amener tantôt dans la prison de Mouchamp une vieille mendiante avec quatre petits enfans qu'on disait des enfans volés.

— Ah ! mon cher Monsieur, parmi ces enfans, y en avait-il un vêtu d'un petit fourreau de soie bleue, avec ?....

— Je prierai la citoyenne d'observer que l'on ne dit plus *vous*, ni *monsieur*.

— C'est juste. Pardon. Eh bien donc, citoyen, parmi ces enfans, y en avait-il un ?...

— Il y avait trois petites filles.

— Ce n'est pas de cela que je m'informe : c'est d'un petit garçon vêtu d'une petite robe bleue, en soie, garnie de....

— Je vous en souhaite des robes garnies! une mendiante! si elle veut faire croire que ces enfans soient les siens, ça gâterait toute l'invention d'à-bord; ensuite une robe de soie, ça se vend, et la grivoise ne s'en sera pas fait faute. Elle prétend qu'elle a été pillée, incendiée... Ce n'est pas extraordinaire par le temps qui court; mais c'est la maladresse d'ajouter que ces enfans étaient à elle, qui l'a rendue suspecte. Une sans dents qui est vieille comme le clocher de l'abbaye de Trisay. Ça n'a pas pu prendre.

— Et pourriez-vous, mon cher Mons.... citoyen, me dépeindre le petit garçon que cette malheureuse a l'audace ?...

—C'est un petit garçon... du sexe masculin ; roux, à ce que j'ai pu voir... morveux, chétif et pleurard.

—Oh ! ce n'est pas le mien, si vif, si propre, si bien portant... Le citoyen n'a pas remarqué... s'il avait quelque signe... quelque.... empreinte sur le corps ?

—Pardieu ! non : c'est une inspection que je ne me suis pas amusé à faire : ce n'était pas assez ragoûtant pour ça ; puis, ça ne me regardait pas.

La pauvre marquise allait se retirer, quand le gendarme se plaçant entre elle et la porte :

—La citoyenne, dit-il, paraît n'être pas d'ici : elle a un passeport, sans doute, pour voyager ?

—Non vraiment, citoyen. Notre do-

micile venait d'être incendié par les...
brigands ; à peine avons-nous eu le
temps de fuir. C'est dans notre fuite
que nous avons été assez malheureux
pour perdre l'enfant après lequel je
cours. Je n'ai pas cru qu'un passeport
fût nécessaire ; je n'ai pas songé à m'en
procurer un.

— Est-ce le mari de la citoyenne que
je vois là avec elle ?

La marquise rougit.

— Non, dit-elle, cet homme est
mon domestique.

— Domestique ! est-il possible qu'il
y ait des hommes assez dégradés pour
se faire de gaîté de cœur les esclaves
d'autres hommes !

Lapierre pâlissant, et le regardant
en face :

— Il y en a bien, répliqua-t-il, d'assez infâmes pour se faire gendarmes.

Cette riposte hardie et si bien trouvée déconcerta d'abord le fonctionnaire. Mais revenant à considérer qu'il avait l'autorité, un grand sabre et une carabine pour le démontrer à quiconque s'aviserait d'en prétendre cause d'ignorance, il reprit le ton rauque et élevé. Ce gendarme était un moine défroqué de l'abbaye d'Angle. Lapierre osa riposter de nouveau; mais le moment était passé de le faire avec avantage. Il fallut suivre le gendarme à la mairie, où se trouvait un poste de garde communale. Toute cette contrée était encore patriote.

Madame de Bretignolles envoya avertir son mari. Elle était au 'déses-

poir. Elle lui fit dire par une fille de
ferme qui lui parut assez obligeante,
de monter à cheval sans délai, et de
courir à Mouchamp. La pauvre mère
ne songeait qu'à son enfant, pour
lequel elle se serait résignée à tout.
Son message ne fut pas rempli avec discrétion : il devint pour le gendarme
un nouveau texte d'accusation. Le marquis fut aussi amené devant le maire.
Ne pouvant répondre qu'ainsi que l'a-
vait déjà fait sa femme, il fut consigné,
avec elle et Lapierre, au corps-de-
garde, pour être tous trois conduits le
lendemain à la Roche-sur-Yon.

Le gendarme qui était chargé de
cette translation, et qui se voyait seul
contre deux hommes dont l'un paraissait fort résolu, se tint prêt à partir
avec la colonne, espérant avec assez

de raison, que ces prisonniers n'ose-
raient pas se révolter en une telle
compagnie. Aussitôt donc qu'il entendit le premier rappel, il se leva à la
hâte, et se rendit au corps-de-garde.

— Allons, dit-il, citoyen et citoyenne, nous allons partir. Debout,
s'il vous plaît, et préparez-vous.

— Nous sommes tout préparés, répondit le marquis, qu'on nous donne
nos chevaux, et nous vous suivons.

— Vos chevaux! Il faut que vous
soyiez b...ment encroûtés en aristo-
cratie pour parler de la sorte! Vous
croyez donc qu'on va vous donner une
escorte de deux cents cavaliers? Je suis
seul pour vous surveiller, mes braves
seigneurs, et je réponds de vous. Vous
irez à pied; il n'y a pas loin, et le
temps se remet au beau.

— Mais nos chevaux?...

— Vos chevaux resteront ici en fourière en vous attendant. Ne craignez rien pour eux; la République a de l'humanité pour les pauvres animaux.

— Citoyen, ayez-en pour nous, s'écria la marquise en tombant à deux genoux devant lui. Conduisez-moi où vous voudrez, comme vous le jugerez à propos: il me semble que je puis servir d'otage pour les miens. Laissez ces deux hommes libres : ils viendront me retrouver. Ne riez pas de mes angoisses : vous ne pouvez savoir ce qu'elles sont. J'ai perdu mon enfant; sa trac s'efface de moment en moment; ma torture est horrible, ne la prolongez pas.

— Ma petite mère, tout ça est bel et bon; mais je vous dis que vous êtes

sous ma responsabilité. Si vous cons-
pirez contre la République, elle serait
bien restaurée d'avoir un de vous sur
trois! si votre enfant se perd... Le
moule où il a été jeté n'est pas brisé;
vous en pourrez avoir un autre du
même modèle. Qué nom de D...! un
enfant perdu n'est pas la mort du diable. Mais quand on veut voyager, il
faut être en règle.

La froide ironie de ce langage remplit d'indignation tous ceux qui l'entendirent; le désespoir de la malheureuse madame de Bretignolles en fut
comblé, et se manisfesta par des cris et
des sanglots qui menacèrent de la suf-
foquer. L'ex-cordelier d'Angle n'en
continua pas moins son horrible fonc-
tion. Il lui passa au bras une corde au
moyen de laquelle il l'attacha à La-

pierre et à son mari, les tenant ainsi
tous trois, par un art de sbire, sous la
contrainte d'une seule et commune en-
trave.

M. de Bretignolles ne dit rien. Lapierre ne put se défendre de témoigner
au sycophante toute l'horreur qu'il lui
inspirait.

Cependant la colonne s'était rassem-
blée non loin de ce lieu. Elle allait se
mettre en route; le gendarme jugea le
moment convenable pour sortir aussi
de la commune : Il donna un dernier
avertissement à ses prisonniers, et les
fit marcher devant lui. Les curieux
qui étaient venus assister au départ de
la troupe, s'en détournèrent bien vite
quand ils virent paraître cet objet nouveau et bien autrement digne de leur
attention. Les soldats eux-mêmes en

furent distraits et agités. L'officier qui les commandait, cédant comme eux à un mouvement naturel, jeta aussi les yeux sur les prisonniers; il ne les eut pas plutôt envisagés, que, fendant la presse, il s'élança à leur rencontre, et leur adressa quelques paroles peu suivies, où se peignait une grande surprise. — Quoi! c'est vous! est-il possible! que vous veut-on? où allez-vous? Madame de Bretignolles, que sa vue parut également surprendre, poussa un grand cri, et tomba évanouie entre ses bras.

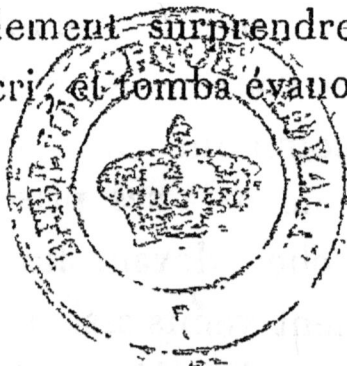

FIN DU TOME SECOND.

TABLE DES CHAPITRES.

FIN DE LA TABLE

Paris —Imp de Félix Locquin, rue N.-D.-des-Victoires, n° 16.

www.ingramcontent.com/pod-product-compliance
Lightning Source LLC
Chambersburg PA
CBHW070621100426
42744CB00006B/570